SATISFACTION AU TRAVAIL DES ENSEIGNANTS EN AFRIQUE

Max KUPELESA Ilunga

Copyright © 2025 Max KUPELESA Ilunga

Aucune partie de cet ouvrage ne peut être reproduite, distribuée ou transmise sous quelque forme ou par quelque moyen que ce soit, y compris par photocopie, enregistrement ou autres procédés électroniques ou mécaniques, sans l'autorisation écrite préalable de l'éditeur et de l'auteur, à l'exception de brèves citations incorporées dans des comptes rendus critiques ou à d'autres fins non commerciales autorisées par la législation sur le droit d'auteur.

Éditeur: Upway Books
Auteur: Max KUPELESA Ilunga
Titre: SATISFACTION AU TRAVAIL DES ENSEIGNANTS EN AFRIQUE
ISBN: 978-1-917916-61-5
Couverture réalisée sur Canva: www.canva.com

Cet ouvrage est un ouvrage de non-fiction. Les informations qu'il contient sont fondées sur les recherches, l'expérience et les connaissances de l'auteur au moment de la publication. L'éditeur et l'auteur ont déployé tous les efforts nécessaires pour garantir l'exactitude et la fiabilité des informations fournies, mais déclinent toute responsabilité en cas d'erreurs, d'omissions ou d'interprétations divergentes du contenu présenté. Cette publication n'a pas pour vocation de se substituer aux conseils ou consultations d'un professionnel qualifié. Les lecteurs sont encouragés à solliciter l'avis d'un spécialiste lorsque cela s'avère approprié.

contact@upwaybooks.com
www.upwaybooks.com

INTRODUCTION

L'objectif de scolarisation universelle arrêté par la communauté internationale en 1990 à Jomtien (Thaïlande) a fait l'objet d'une évaluation à l'occasion du Forum de Dakar organisé en avril 2000. Le bilan de cette évaluation révèle que, malgré quelques progrès d'ordre *quantitatif*, les problèmes de la *qualité* restent graves, de façon générale, la situation éducative en Afrique subsaharienne devient chaque année plus inquiétante : les valeurs des coefficients d'efficacité sont faibles et le rendement est très bas. A l'occasion de ce Forum, la communauté internationale avait réaffirmé ses engagements en faveur d'une *éducation de qualité pour tous*. Elle a recommandé l'élaboration des plans d'action et s'est engagée à faire en sorte que tout pays capable de présenter un programme de réforme sérieux et d'amélioration de son système éducatif cohérent et crédible ne soit pas handicapé par l'insuffisance de ressources financières.

Seulement la conception de ces programmes se fait sans véritable état de lieu ni concertation et, souvent en privilégiant les facteurs plutôt matériels et la réforme des programmes d'enseignement. Il est rare de voir tous les facteurs qui caractérisent un *enseignement efficace* pris en compte, et parmi ces facteurs, l'état d'esprit des enseignants dont l'effet sur les apprentissages des élèves est déterminant. En outre, des projets de réforme ont tendance à traiter les intrants plutôt comme des variables quantifiables séparées sans tenir compte de leurs interactions. En effet, l'enseignement est avant tout un travail relationnel qui met constamment en présence enseignants et élèves.

Depuis 2004, en République démocratique du Congo, une réforme des programmes scolaires et académiques a eu lieu et, dans sa préface, le ministre de l'enseignement primaire, secondaire et professionnel note que soucieux d'améliorer et de garantir la qualité de l'enseignement, le Ministère s'est toujours préoccupé de doter les écoles primaires et secondaires d'outils pédagogiques performants et adaptés aussi bien au niveau des utilisateurs qu'aux différents contextes sociaux (N'Dom, 2005). Pour ce Ministre, la réforme des programmes devait contribuer à améliorer, comme par magie, la qualité de l'éducation. En examinant de plus près ces nouveaux programmes essentiellement élaborés par des « experts » étrangers, on s'aperçoit que l'approche est plutôt béhavioriste et laisse transparaître partout les « objectifs d'apprentissage ». En effet, la pédagogie par objectifs insiste beaucoup sur la nécessité de débuter les apprentissages à partir du niveau de base de l'élève, c'est-à-dire, là où l'élève est capable de réussir. C'est donc un modèle très exigeant qui oblige l'enseignant à bien définir ses objectifs, les contenus à enseigner et ses stratégies d'enseignement. En plus, l'enseignant doit accorder une attention particulière à la démarche de chaque élève, à ses connaissances et à ses stratégies d'apprentissage. L'enseignant congolais actuel est-il psychologiquement disposé à bien mettre en œuvre ce dispositif stratégique et à s'impliquer qualitativement pour sa réussite ?

Aussi si l'expansion considérable des effectifs reste sans conteste l'évolution la plus marquante de l'école congolaise, les difficultés d'apprentissage et l'échec massif ne cessent d'alimenter les débats critiques quant à l'efficience de ce système d'éducation qui a fait disparaître le système ancestral. La qualité de l'école congolaise est jugée dérisoire, les acquis scolaires réels sont plutôt périphériques, le rapport aux savoirs très utilitaire produit une attitude visible chez nombre d'élèves dont l'objectif est de « faire un minimum d'effort pour un maximum de note ». Face aux contraintes scolaires, les élèves élaborent diverses stratégies pour s'impliquer plus ou moins dans les activités scolaires. Toutes ces stratégies d'évitement montrent que beaucoup d'élèves congolais ont de la peine à donner du sens à leur travail scolaire, tout en recherchant le diplôme. Or, la signification subjective des activités scolaires n'apparaît que si le sentiment de crise domine, et l'une des manifestations est la crise des motivations que l'on observe chez les élèves. Les analyses des difficultés d'apprentissage et des échecs scolaires sont trop souvent politiques, socio-économiques et matérialistes. Mais la réalité résiste et persiste parce que tout le monde croit avoir une explication alors même que l'on se trouve confronté à la complexité des processus psychopédagogiques des acteurs.

Pour avoir une chance de combattre efficacement l'échec scolaire et de promouvoir la qualité de l'éducation scolaire, il faut que l'échec des élèves, sous toutes ses formes, interpelle comme un problème. Les inégalités en apparence les plus biologiques ou génétiques s'enracinent souvent dans les inégalités psychosociales et pédagogiques qui peuvent être corrigées. Les enseignants devraient être tenus de conquérir les élèves qui ne jouent plus naturellement le jeu, en s'engageant dans une relation pédagogique, à la fois cognitive et affective positive. Leur métier est de plus en plus subjectif, mobilisant leur personnalité autant que leurs compétences cognitives, scientifiques, didactiques, sociales et affectives. Ils devraient « se motiver » pour susciter des motivations dans leurs classes. En clair, l'enseignant demeure un vecteur déterminant de la qualité de l'enseignement et des apprentissages scolaires. Il mérite qu'on l'étudie psychologiquement.

Parmi ceux qui l'avaient déjà étudié, Bloom (1979) démontrait déjà que peu d'enfants étaient limités définitivement par un mal développement mental, la plupart étant capables d'apprendre des choses complexes à condition que l'enseignant ajuste constamment les messages, les exigences et les situations didactiques. Les processus à l'œuvre dans l'enseignement ont été appréhendés, essentiellement autour de la relation entre attitudes et attentes professorales et rendement des élèves. En effet, avec les recherches de Rosenthal et Jacobson (1971), s'est construite l'idée que les attentes positives des enseignants entraînaient une progression scolaire particulièrement importante des élèves. Les mécanismes à l'œuvre dans cet « effet Pygmalion » passent par les interactions scolaires entre les élèves et les enseignants. L'étude des interactions a donné lieu à une abondante littérature dont Felouzis (1997, pp. 25-31) fait le point en montrant que la réussite et l'échec des élèves ne sont plus uniquement une question de « capital culturel » des apprenants, mais aussi et surtout une question d'interactions entre les enseignants et les élèves.

Si donc les élèves sont fortement influencés par les attentes et les attitudes de leurs enseignants et ont tendance à se comporter en accord avec ces attentes, ne pouvons-nous pas établir une relation entre attente et comportement pédagogique, entre comportement pédagogique et satisfaction au travail et entre niveau de satisfaction au travail et qualité des acquis scolaires ?

Il nous a semblé donc pertinent d'orienter nos investigations vers l'enseignant pour comprendre ce qui conditionne plus fondamentalement ses attentes, son attitude et son implication dans l'organisation et la gestion de la situation de classe. Partant de l'idée qu'un enseignant motivé est un enseignant d'abord satisfait des possibilités offertes au travail et suffisamment impliqué, nous évaluerons le niveau de satisfaction au travail pour dégager le niveau d'implication professionnelle des enseignants congolais.

A ce propos, passant en revue les recherches menées à grande échelle sur l'efficacité des systèmes éducatifs des pays en développement, Heyneman (1986) a montré que plus un pays est pauvre, plus la qualité du milieu scolaire détermine la qualité des apprentissages. Plusieurs études utilisent, en effet, la technique des recensions d'écrits scientifiques dénommées « méta-analyse » pour mesurer la « valeur ajoutée des enseignants » sur le rendement des élèves (Babu et Mendro, 2003 ; Sanders, 2000). Ces recherches ont donc confirmé que, contrairement aux études qui incriminent encore les élèves et leur milieu d'origine, le milieu scolaire, et plus précisément, les enseignants disposeraient d'un pouvoir d'influence très important sur la qualité d'apprentissage des élèves. Bien au-delà des considérations « socio-culturelles » qui tentent d'enfermer certains enfants dans les problèmes scolaires, Crahay (2000) considère que, non seulement l'école peut favoriser la réussite scolaire des élèves, elle engendre aussi l'échec. Cordié (1993) qualifie l'échec de symptôme qui dit le mal de l'enfant et tente de cerner le fonctionnement de l'inhibition intellectuelle qui génère l'échec scolaire de certains élèves.

Nous entendons régulièrement dire, dans le milieu congolais, que les enseignants sont démotivés, mais de cette démotivation, nous n'avons encore, à ce jour, qu'un portrait fragmenté qui reste trop esclave des considérations économistes. Certes, les communications dans les séminaires, les ateliers, les colloques ou dans les revues ont un certain retentissement et témoignent d'un fort courant d'opinion. Mais ces communications ne sont pas représentatives du sentiment des enseignants à l'égard de leurs conditions de travail, surtout quand on sait que l'effet enseignant affecte indéniablement la performance scolaire de tous les élèves. Chaque enseignant est traversé par des attentes et des représentations de lui-même et des élèves. Son vécu professionnel conditionne fortement ses attentes et ses représentations et celles-ci conditionnent fortement la motivation, l'intérêt et le comportement des élèves.

Un enseignant «démotivé» se caractérise par un manque d'enthousiasme et de vigueur dans l'action : ce manque de vigueur induit un niveau de désengagement ou d'implication calculée (Allen et Meyer, 1990) au travail. L'enseignant se contente facilement du minimum requis, la division du travail d'apprentissage ainsi que la simplification des tâches peuvent facilement être poussées à l'extrême, n'offrant aucun stimulant, aucun défi à surmonter, engendrant par là même un travail répétitif et superficiel dans une ambiance de « laisser-aller » et d'ennui. Il en découle, chez les élèves, le manque de stimulation dans l'apprentissage associé à l'indifférence les incitant à reproduire le comportement de l'enseignant. La moindre implication des enseignants dans leur travail ne favorise pas l'engagement cognitif suffisant chez les élèves qui assimilent le moins possible les contenus enseignés.

Aussi, si l'éducation primaire pour tous reste la priorité, elle ne suffit pas pour assurer le progrès humain et la croissance économique en République démocratique du Congo. La concrétisation des objectifs de l'éducation pour tous dans le primaire impose de consolider et d'améliorer l'enseignement secondaire. Les pays développés ne cessent de réformer leurs systèmes éducatifs, et ce, à un rythme accéléré, poussés par l'effet conjugué du progrès techno-économique, de la mondialisation des marchés du travail et d'une demande d'enseignement secondaire adapté à ces changements. Notre pays ne peut se permettre de prendre du retard voire de s'installer dans un simulacre d'enseignement. En effet, notre système d'enseignement n'a pas changé, malgré les diverses tentatives de réforme depuis 1961. Les programmes de l'enseignement secondaire congolais sont surchargés souvent des matières à élaguer, à actualiser en fonction des besoins réels et des défis actuels et de l'évolution technologique et scientifique. Il s'avère indispensable de réviser sérieusement ces programmes en tenant compte de nouvelles disciplines et de nouveaux enjeux pour donner plus de pertinence à l'enseignement secondaire.

Ainsi, la problématique de la qualité et de la pertinence des acquis scolaires conduit à s'interroger sur la qualité des enseignements, et donc des enseignants eux-mêmes. Toutes ces préoccupations nous ont poussé à chercher à appréhender, à partir de la réalité de travail telle que vécue par les enseignants, ce qui, dans l'organisation de leur travail, est source de satisfaction ou au contraire, cause de frustration et d'implication calculée.

Cette recherche, qui a donc pour cadre la ville de Kinshasa en République démocratique du Congo, est essentiellement centrée sur les professeurs de l'enseignement secondaire du réseau catholique de l'enseignement national. Pour mieux cerner l'objet de notre recherche, nous avons largement exploité une littérature abondante et variée, et l'on reconnaîtra aisément, chemin faisant, les multiples emprunts tirés de cette littérature dont nous précisons chaque fois la source dans le texte.

Notre ambition est à la fois de rassembler des études en une synthèse interprétative de la condition professorale et d'apporter une contribution quant à la satisfaction au travail des professeurs de l'enseignement secondaire. *Nous voulons vérifier le postulat selon lequel la perception des caractéristiques du travail reflète les conditions de travail des enseignants et agit sur leurs réactions affectives.* L'attitude des enseignants procédant de leur appréciation de la situation de travail, nous vérifierons indirectement l'idée que les enseignants qui souhaiteraient rester dans le métier seraient plutôt satisfaits de certaines caractéristiques perçues de leur travail.

Pouvions-nous prétendre, sur un thème aussi vaste, à l'exhaustivité ? L'ampleur du thème abordé, autant que notre compétence, la teneur des questions posées nous ont conduit à privilégier les problèmes relevant des conditions immédiates de l'exercice de la profession de professeur. Les sujets abordés dans cette recherche ne portent donc que sur certains points : notre prétention n'est pas d'exposer exhaustivement la relation entre les caractéristiques du travail d'enseignant et la satisfaction au travail.

Par ailleurs, nous ne pensons pas, même dans les limites que nous nous sommes fixées, être resté à l'abri d'erreurs d'interprétation. La psychosociologie des professeurs est devenue si complexe par la masse énorme de faits et de documents sur lesquels elle repose que ses progrès ne peuvent plus provenir que d'une œuvre collective et multidisciplinaire.

Les lecteurs voudront bien admettre qu'un tel travail qui se propose d'aborder un problème de cette complexité, si elle ne veut pas le trahir, doit se limiter à l'essentiel : élucider les motifs de l'(in)satisfaction des professeurs du cycle secondaire du réseau catholique de l'éducation nationale congolaise, puis voir si un lien est possible entre l'attitude des enseignants et l'échec scolaire. Ils voudront bien accepter en conséquence que nous fassions une analyse de la satisfaction générale que ces professeurs éprouvent sans entreprendre de développer vraiment chacune des dimensions de leur emploi reliées à leur (in)satisfaction en une analyse qui exigerait un tout autre espace.

Il reste à préciser maintenant le contenu de l'ouvrage. Dans le premier chapitre, nous essayons de repérer les signes de la crise de notre système éducatif et nous posons que l'enseignant, clef de voûte du système éducatif, est le facteur déterminant de la qualité des apprentissages scolaires. Nous y consacrons une longue analyse en même temps que se dégage la problématique. Le second chapitre montre que l'importance du problème a fait surgir bon nombre de théoriciens qui pensaient avoir la méthode efficace pour réveiller la motivation au travail. La revue de quelques théories a permis de dégage que la satisfaction au travail est la résultante complexe de contraintes économiques, sociales, organisationnelles et de leurs interactions avec les besoins, les valeurs et les aspirations des travailleurs. Ainsi Herzberg a focalisé son attention sur le contenu satisfaisant du travail. Ainsi se trouve précisé le cadre conceptuel qui structure le thème de recherche et souligne la pertinence du travail. Pour permettre au lecteur de situer le contexte de l'étude, nous donnons un aperçu de l'environnement national et local de l'école congolaise par une brève présentation de notre pays, de la ville de Kinshasa et du système éducatif.

Au chapitre quatre, nous résumons et présentons la démarche méthodologique suivie et nous exposons ensuite l'échantillonnage, avant de récapituler et décrire synthétiquement les données. Il s'agissait de réduire l'information contenue dans la distribution des observations en présentant une synthèse numérique. L'analyse inférentielle nous a permis de démontrer statistiquement que des variables influencent d'autres variables et d'étendre la validation des paramètres obtenus sur notre échantillon à l'ensemble de la population de référence. Au terme de cette méthodologie structurée, qui a permis de clarifier les relations entre les variables, nous avons tiré les leçons qui s'imposent en suggérant quelques pistes pour améliorer le niveau de satisfaction des enseignants et envisager une éducation de qualité dans une perspective optimiste.

CHAPITRE I

L'ECOLE CONGOLAISE ET L'ENSEIGNANT

Dans cette section, nous partons du constat de l'inefficacité de l'école congolaise fortement marquée par un échec massif, mais aussi de l'idée selon laquelle l'apprentissage étant un processus de construction, l'intervention de l'adulte permet de construire et d'intérioriser les situations vécues. C'est ce rôle médiateur de l'adulte, très important dans l'éclosion véritable de toutes les potentialités de l'enfant, que le professeur joue dans la situation d'enseignement /apprentissage. Pour le cas de la République démocratique du Congo (RDC) qui nous servira de cadre d'étude, notre objectif est d'abord de montrer que l'enseignant dispose d'un important pouvoir d'influence sur l'apprentissage scolaire, ensuite de cerner ce qui gêne ce pouvoir d'influence au regard des résultats médiocres et enfin nous tenterons de déceler ce sur quoi nous pouvons encore fonder un attachement au travail enseignant dans un contexte de grande crise éducative. Ce chapitre analyse la situation, puis la littérature scientifique pour laisser se dégager la problématique de la satisfaction au travail enseignant avant de définir le concept et les objectifs de la recherche. La satisfaction au travail enseignant nous intéresse en tant que variable psychologique.

1.1. Persistance de l'échec scolaire et exigence de qualité

En effet, sous la triple pression économique, politique et sociale, nous assistons, depuis 1960, à un processus de massification du système scolaire congolais. De plus en plus des jeunes poursuivent des cursus assez élevés et variés d'études. Ils vont à l'école pour y apprendre ce que l'école a mission de transmettre.

Le souci de placer l'homme au centre du processus éducatif et d'offrir à toutes les couches de la population un large éventail de choix leur permettant de se réaliser pleinement se retrouve dans les différentes déclarations d'intentions ainsi que dans les dispositions législatives et réglementaires constituant la politique de la RDC en matière d'éducation.

Depuis son accession à l'indépendance, notre pays prône une politique de large ouverture du système éducatif. De tous les discours et orientations politiques en la matière, les préoccupations d'équité sont présentes tant sur le plan de la répartition spatiale des structures éducatives que sur le plan social et culturel. Ainsi la Loi-cadre du 22 septembre 1986 de l'enseignement national retient-elle comme finalité de ce secteur, *la formation harmonieuse de l'homme, de façon qu'il soit utile à lui-même et à la société, capable de participer au développement et à la promotion de la culture nationale.* Elle bannit toutes les formes de discrimination en matière d'éducation et insiste sur l'obligation qu'a l'Etat d'aider les parents dans l'éducation de leurs enfants.

Mais entre les intentions et la réalité, le fossé est énome et le système éducatif congolais se révèle très défaillant. Les insuffisances d'apprentissage sont multiples et importantes. L'échec scolaire est devenu peu à peu un problème social. Avant l'indépendance, l'échec se limitait à la non obtention de l'attestation ou du certificat d'aptitude professionnelle. Aujourd'hui, la définition de l'échec scolaire est devenue extensive, l'échec scolaire désigne la non maîtrise des apprentissages de base, l'insuffisance des habiletés cognitives, la non obtention du diplôme, l'obtention du diplôme avec un faible pourcentage, l'abandon des études en cours de scolarité, bref, une entrée ratée dans la culture écrite et la non éclosion des potentialités cognitives supérieures. C'est le fait que l'élève n'attend plus aucun bénéfice ou un bénéfice dérisoire dans la poursuite de sa scolarité. Le redoublement et l'exclusion sanctionnent l'échec scolaire.

Ces difficultés scolaires ont des conséquences énormes dans la mesure où elles persistent : diminution de l'estime de soi, développement d'un concept de soi négatif, sentiment d'infériorité et d'aliénation, tendance à éviter l'école et ultérieurement, problèmes de marginalisation et d'exclusion sociales. En effet, compte tenu de l'importance que prennent l'éducation et la formation dans le devenir des citoyens, et par-delà de la société dans laquelle ils vivent, l'échec et l'exclusion massive des enfants et des jeunes du système scolaire constituent un problème hautement préoccupant dans notre pays qui veut lutter contre la pauvreté. L'échec scolaire en RDC dépasse le cadre strictement scolaire et s'impose avec acuité en tant que problème de société.

Mais comment l'échec se construit-il à l'école congolaise ? La perspective interactionniste qui se soucie principalement de ce qui se passe à l'école et en classe, met l'accent sur les *processus sociaux et relationnels* et conçoit l'échec comme un jeu concret de relations inégalitaires qui conduisent à être en bas ou en marge et à développer des stratégies d'apprentissage inappropriées (Chauveau et Rogovas, 1984).

L'école permettant à chaque enfant d'acquérir solidement des connaissances qui contribuent au développement de ses habiletés cognitives et affectives demeure donc une tâche des plus importantes. En RDC, elle présente un défi qui, pour se réaliser pleinement, nécessite plusieurs conditions : identifier des forces et mettre en place des stratégies d'interventions efficaces. Ceci nous situe au cœur de la problématique de la qualité et de l'efficacité de l'éducation dans notre pays.

Plusieurs chercheurs ont retenu un certain nombre de principes à respecter pour rendre les écoles plus efficaces, notamment la place essentielle de l'action des enseignants. En effet, l'idée que les enseignants constituent une pièce maîtresse des dispositifs de lutte contre l'échec et que la réussite et l'efficacité des actions à mener dépendent en grande partie de l'aptitude des enseignants est très largement admise (Terrail, 2005, p. 58).

Considérant la complexité de la question de la qualité et de l'efficacité de l'éducation en RDC, il nous a semblé pertinent, dans notre étude, de faire un choix. Nous avons donc pris l'option de concentrer notre attention sur celui que plusieurs chercheurs considèrent comme ayant une influence déterminante sur la réussite et l'échec des élèves, à savoir l'enseignant. Qu'en est-il plus précisément de cette influence ? Est-elle plus importante que d'autres facteurs comme le milieu familial, la motivation ou le potentiel intellectuel des élèves ? Pour répondre à cette question, nous nous fondons sur les recherches scientifiques réalisées sur l'effet enseignant sur l'apprentissage des élèves.

1.1.1. *L'effet enseignant*

Les travaux de Wang, Heartel et Walberg (1993) permettent de répondre à ces interrogations. Ces trois chercheurs avaient effectué une importante étude recouvrant 50 années de recherche en éducation et qui avait permis de relever, parmi les facteurs les plus susceptibles d'aider les élèves à apprendre, l'enseignant comme étant le facteur ayant le plus d'influence sur l'apprentissage des élèves.

Par ailleurs, les recherches en psychologie cognitive de Ellis et Worthington (1994) indiquent qu'il est possible pour l'enseignant d'intervenir directement en classe sur le développement des processus métacognitifs de ses élèves.

Dans une étude réalisée en 1996, Sanders a démontré, à partir d'un recoupement des données statistiques que, lorsqu'on confie des élèves en difficultés aux enseignants identifiés comme les plus performants pendant une année scolaire, les élèves moyens ou forts obtiennent une performance scolaire supérieure. Il a conclu que l'effet enseignant affecte indéniablement la performance scolaire de tous les élèves et que, parmi ceux-ci, ce sont les élèves en difficulté qui sont les plus grands bénéficiaires. Pour Sanders donc, l'origine ethnique, le niveau socio-économique, le ratio enseignant/élève et l'hétérogénéité de la classe constituent de piètres prédicteurs de l'amélioration du rendement scolaire des élèves. L'efficacité de l'enseignant représente plutôt le facteur déterminant des progrès scolaires des élèves. L'effet de l'enseignant sur le rendement des élèves est additif et cumulatif.

1.1.2. *Les élèves en difficulté d'apprentissage*

Les élèves en échec scolaire sont ceux qui éprouvent des difficultés essentiellement dans les apprentissages des programmes d'études de langues, de mathématiques et de sciences. En effet, parmi les élèves en difficultés scolaires cumulées, c'est le groupe le plus important en ce qui concerne la prévalence dans le système scolaire congolais. S'il nous est impossible d'avancer des statistiques, il reste que les élèves en difficulté d'adaptation et d'apprentissage efficace constituent un lot très important. Ainsi, par exemple, de 1967 à 2003, sur un total de 3.094.216 finalistes de l'enseignement secondaire, seuls 1.603.727 élèves (52 %) ont obtenu leurs diplômes d'Etat (Ministère de l'Education, 2004).

Selon Goupil (1990, pp. 24-26), les définitions des difficultés d'apprentissage mettent l'accent surtout sur un rendement inférieur, par rapport au potentiel des enfants, aussi bien en langue, en mathématiques qu'en sciences. Ce sont d'abord des difficultés mathématiques et linguistiques d'expression orale et écrite qui entraînent de graves déficiences sur l'ensemble de la scolarité de plusieurs élèves, car la plupart des matières utilisent ce support linguistique pour transmettre l'information : problèmes écrits, manuels de sciences, de géographie, d'histoire, etc. La non maîtrise du français empêche de bien comprendre les énoncés et les questions et de bien participer aux leçons.

Pour le Ministère congolais de l'Education, les élèves en difficultés scolaires sont cette catégorie qui recouvre des enfants et des jeunes ayant des difficultés apparemment diverses. Tous ont cependant quelques caractéristiques communes suivantes : ils ne présentent pas de déficience sur le plan intellectuel, sensoriel et moteur ; mais ils éprouvent des difficultés pour atteindre les objectifs cognitifs de l'enseignement ; il y a non accomplissement du potentiel intellectuel et les acquisitions scolaires sont marginales.

Certains élèves congolais ont des difficultés scolaires légères dans la mesure où, l'évaluation pédagogique de type sommatif, fondé sur les programmes d'études, révèle un retard en regard de la norme et des attentes à leur endroit, compte tenu de leurs capacités et du cadre de référence que constitue la majorité des élèves du même âge.

D'autres élèves ont des difficultés d'apprentissage plus graves caractérisées par un retard scolaire très significatif dans plusieurs matières, notamment sur le plan des habiletés linguistiques, mathématiques, scientifiques, mais aussi au niveau de l'abstraction, de l'idéation, du raisonnement et de la compréhension suffisante, etc. En gros, plusieurs élèves avancent avec une véritable accumulation de difficultés dans tous les domaines d'apprentissage. L'école ne permet pas aux potentialités individuelles d'éclore suffisamment. Les examens composés par les enseignants portent habituellement sur la seule restitution des connaissances et ne mesurent que le seul processus de mémorisation, au détriment des habiletés supérieures. Mais comment explique-t-on les difficultés scolaires ?

.1.1.3. Conséquences des difficultés d'apprentissage

Good et Brophy (1986, p. 505) constatent dans leur étude que les élèves qui présentent un rendement scolaire faible ont également un concept de soi plus négatif et une perception de la relation maître-élève plus négative que les élèves qui ont un bon rendement scolaire. Les élèves qui ont un concept de soi négatif en arrivent à voir la médiocrité comme inévitable. Ces élèves éprouvent d'énormes difficultés à jouer adéquatement leur rôle d'élève et s'attirent plutôt des critiques, des sarcasmes et des attitudes négatives de la part des enseignants. Toutes ces réactions négatives inhibent intellectuellement certains élèves.

En effet, au cœur du processus de la relation enseignant-enseigné, la représentation qu'a l'enseignant des élèves engendre une série variée d'attitudes envers les élèves. Jackson, Silberman et Wolfson (1969) ont dégagé quatre types d'élèves susceptibles d'engendrer chez les enseignants des attitudes différentes : les attachants, les préoccupants, les indifférents et les rejetés. Ces quatre types d'élèves déclenchent quatre types d'attitudes correspondantes : l'attachement, la préoccupation, l'indifférence et le rejet.

Contrairement aux deux premiers qui bénéficient de plus ou moins d'attention et de soutien de l'enseignant, l'élève dit indifférent est celui face auquel l'enseignant devient indifférent. L'enseignant et l'élève répondent de façon minimaliste à leurs attentes de rôles respectifs, selon Kedar-Voivodas (1983).

Un élève peut être rejeté quand l'enseignant juge qu'il se comporte de manière inadéquate en classe. L'enseignant le perçoit comme inactif, paresseux, bon à rien et se montre impatient à son égard. Il le critique, l'humilie et lui fait sentir que sa place est ailleurs. L'interaction devient complètement négative et il s'ensuit un rejet mutuel. Le désir de renoncer à l'école se renforce.

Il se dégage que selon la catégorie de leurs difficultés d'apprentissage à laquelle ils appartiennent, les élèves déclenchent chez les enseignants des attitudes positives ou négatives. Si l'élève attachant déclenche une attitude très positive, l'élève préoccupant déclenche une attitude plutôt positive, l'élève indifférent suscite une attitude plutôt négative, l'élève rejeté provoque une attitude très négative chez l'enseignant et vice-versa.

Autrement dit, les caractéristiques des élèves et leurs comportements envers les activités scolaires et les enseignants influent sur les attitudes et orientent les comportements des enseignants à l'égard des élèves. L'existence de l'échec scolaire remet en question le pouvoir de l'enseignant sur l'enseigné. Essayons d'expliciter un peu plus cette notion d'attitude qui peut renforcer le pouvoir de l'enseignant ou, au contraire, renverser le rapport.

1.1.4. Les attitudes en situation d'apprentissage

Le concept d'attitude est apparu assez tôt dans le vocabulaire de psychologie et a subi des changements d'orientation assez importants. Selon Thomas et Alaphilippe (1983, p. 5), le terme attitude évoque, dans le langage ordinaire, une manière de se sentir, une position du corps et, au figuré, une conduite que l'on tient dans certaines circonstances. Prenant son origine du mot latin *aptitudo*, la notion d'attitude présente donc au départ une analogie avec celle d'aptitude. Cette idée commune se retrouve dans celle de disposition à agir. L'attitude est donc une force acquise qui pousse l'individu à se conduire d'une certaine manière. Malgré la variation dans les définitions données, plusieurs chercheurs indiquent une certaine unité de vue quant aux caractéristiques des attitudes que nous résumons ici.

L'attitude est une tendance relativement stable d'une personne, elle peut être vue comme un système permanent d'évaluations positives ou négatives permettant de prédire la réaction d'une personne dans des conditions connues. Bien que l'on parle de stabilité, il est nécessaire cependant de relativiser cette caractéristique en précisant que l'attitude est susceptible de changer. De façon générale, l'attitude étant définie comme *un construit*, les changements qui permettent de l'inférer se manifestent dans les comportements verbaux ou non verbaux de la personne.

L'attitude se développe par l'expérience ou l'apprentissage. Elle s'acquiert ou se transforme par apprentissage ; elle est souvent la conséquence d'interactions sociales ou d'expériences antérieures. Staats (1986) et Leduc (1984) parlent de la fonction directrice des stimuli des répertoires associés à une attitude. Sous l'influence de cette dernière, toute une gamme de comportements d'approche ou d'évitement devient plus ou moins probable.

Morissette et Gringas (1989, pp. 37-38), définissent l'attitude comme une disposition intérieure de la personne qui se traduit par des réactions émotives modérées qui sont apprises puis ressenties chaque fois que cette personne est en présence d'un objet ; ces réactions émotives la portent à s'approcher (à être favorable) ou à s'éloigner (à être défavorable) de l'objet ou du sujet.

En appliquant et en adaptant cette définition à la relation maître-élève, nous pouvons dire que l'attitude est une disposition intérieure d'une personne (l'enseignant ou l'apprenant) qui se traduit par des réactions émotives qui sont apprises puis ressenties chaque fois que cette personne (l'enseignant ou l'apprenant) est en présence de l'autre. Ces réactions émotives portent la personne à s'approcher d'elle (à être favorable) ou à s'en éloigner (à être défavorable).

Dans la théorie de l'apprentissage social, ce qui caractérise l'attitude, c'est qu'il s'agit des réponses à des stimuli sociaux. Un stimulus social est défini comme représentant une interaction sociale entre les personnes qui peut concerner des individus ou des événements. Le principe à la base de l'apprentissage social des attitudes est bien celui du conditionnement classique.

Pour le behaviorisme « paradigmatique »[1], le stimulus social a trois fonctions : affective, renforçante et directive. Si l'attitude ou l'émotion ressentie par une personne à l'endroit d'une autre personne affecte ses comportements ultérieurs, c'est en raison des trois fonctions du stimulus qui les provoque. La fonction affective d'un stimulus est celle qui lui permet de déclencher des réponses émotionnelles semblables à celles provoquées par le stimulus auquel il a été conditionné. Un stimulus social a la propriété de provoquer des réponses émotionnelles qu'on appelle des attitudes à l'égard de ce stimulus (par exemple, une émotion positive ressentie par l'enseignant en contact avec un élève ou un élève en contact avec son professeur). Par ailleurs, lorsqu'un stimulus social acquiert la fonction affective, il acquiert en même temps la fonction renforçante. Cette fonction consiste à encourager la répétition ou l'abandon d'un comportement (le contact régulier et déplaisant avec l'élève renforce cette émotion déplaisante chez l'enseignant). En même temps qu'un stimulus social acquiert les fonctions affective et renforçante, il acquiert également la fonction directive, c'est-à-dire celle de contrôler des comportements d'approche ou d'évitement.

La composante cognitive de l'attitude peut se traduire par la vision qu'un enseignant a de son rôle en tant que transmetteur ou médiateur, du rôle qu'il accorde aux élèves, de l'explication qu'il se

---

[1] Le behaviorisme paradigmatique présente la théorie des interactions sociales. Cette théorie permet l'étude d'un grand nombre de phénomènes du domaine de sciences sociales. Les thèmes à l'étude sont analysés selon les systèmes de personnalité impliqués : émotionnel/motivationnel ; verbo/cognitif et sensori/moteur. Le behaviorisme paradigmatique décrit l'interaction sociale selon sa nature, sa genèse et ses fonctions (Leduc, 1988).

donne au sujet des causes des difficultés scolaires des certains élèves, de son sentiment de responsabilité face aux échecs et succès des élèves, de sa conception de ce qu'est un « bon élève », etc. Du côté de l'élève, cette composante peut se traduire par sa perception du rôle et de l'utilité de l'école et du savoir qui y est transmis, sa perception du rôle d'un enseignant, sa perception de son propre rôle (passif ou actif) à l'école, etc.

Selon Gilly (1980), l'enseignant peut avoir deux types de conception de son rôle professionnel face à l'élève en difficulté. Par principe, il peut considérer qu'il n'a pas à modifier ses exigences pédagogiques et à moduler sa stratégie éducative lorsque les élèves « ne sont pas à leur place » et « ne sont pas à la hauteur de la tâche ». Son raisonnement justifie alors son désintérêt et confine l'élève dans un statut de médiocrité. Ou bien, au contraire, il peut avoir une conception de son rôle professionnel de « médiateur » qui l'amène à penser que c'est surtout ce type d'élèves qui a besoin de son aide et il ajuste sa stratégie éducative en conséquence afin de créer les conditions propices d'apprentissage.

Par contre, la composante comportementale de l'attitude est liée aux comportements de la personne à l'égard de l'objet d'attitude. Toute une gamme de comportements pourrait se situer sur un continuum entre le comportement d'approche et celui de rejet. Les conceptions et les émotions négatives ou positives du professeur au sujet d'un élève en difficulté se manifestent dans la composante comportementale de l'attitude à travers l'approbation, la louange, l'appréciation et l'estime ou au contraire, à travers la désapprobation, la dépréciation, la stigmatisation, la critique et le sarcasme. Le même principe s'applique (dans une moindre mesure) à l'élève vis-à-vis de ses enseignants.

Les différents travaux de recherche sur la relation enseignant/enseigné ont révélé comment plusieurs facteurs entrent en jeu pour influencer les comportements réciproques des enseignants et des élèves. Parmi ceux-ci, l'attribution et l'attitude jouent un rôle des plus importants. Un autre facteur complémentaire influence également les comportements : le phénomène des attentes. De nombreuses études ont été menées depuis la recherche de Rosenthal et Jacobson (1968). Ces deux auteurs ont réalisé et vérifié en milieu scolaire le phénomène de « prophétie auto-réalisatrice » selon lequel en croyant que quelque chose est vrai, on peut le rendre réel ; il suffit de jouer uniquement sur les attentes des enseignants. L'hypothèse était que dans une classe donnée, les élèves dont l'enseignant attend davantage feront effectivement des progrès plus grands. Les résultats ont montré que les élèves désignés comme brillants avaient réalisé des progrès significatifs par rapport aux élèves qui n'avaient reçu aucune information concernant leurs capacités. Pour Rosenthal et Jacobson, l'interaction et la communication entre l'enseignant et ses élèves sont des facteurs déterminants pour le développement intellectuel des élèves. L'attitude de l'enseignant est un facteur central pour provoquer des compétences intellectuelles par le seul fait de les espérer. Sur base de cette étude, plusieurs articles sont apparus dans la presse populaire pour suggérer aux parents que l'incapacité de leurs enfants était peut-être due au fait que leurs enseignants n'avaient pas suffisamment foi en leurs capacités et ne les encourageaient pas, surtout s'ils étaient pauvres et/ou noirs. Plusieurs chercheurs s'étaient alors penchés sur cette hypothèse pour confirmer le phénomène de stigmatisation à l'école.

1.1.5. Les attentes de l'enseignant

Les attentes de l'enseignant sont définies comme l'inférence que l'enseignant fait à propos du rendement scolaire futur et des comportements en classe de ses élèves. Les attentes peuvent avoir trait aussi bien à l'ensemble du groupe classe qu'à des individus particuliers. Ces attentes générales comprennent les croyances des enseignants au sujet du changement possible dans les habiletés des élèves, le degré de potentiel qu'ont les élèves pour bénéficier de l'enseignement, le niveau approprié de difficulté dans les tâches proposées, etc.

Gilly (1980) a démontré que le contact avec les élèves dans la classe conduit à des attentes déterminées quelques jours après la rentrée scolaire, même si l'enseignant tente d'éviter de se former une opinion. Cette étude illustre comment la formation des attentes est normale ; ce qui est critique, c'est plutôt le niveau d'exactitude des attentes et leur flexibilité. Car, des attentes inadéquates peuvent être nuisibles aux élèves si l'enseignant n'accepte pas de les réexaminer et s'il base ses décisions pédagogiques uniquement que sur elles.

Pour leur part, Brookover (1982) et Good (1987) ont identifié plusieurs facteurs qui poussent les enseignants à montrer des espérances faibles pour certains élèves : la race, le sexe, le statut économique et social, l'appartenance à une ethnie, le type d'école, l'apparence, le langage employé, l'immaturité de l'élève, le manque d'organisation, etc. Potvin (2000, p.17) découvre, à la suite d'une étude auprès de 1164 élèves et 49 enseignants, que les enseignants présentent, de façon importante, des attitudes plus positives envers les filles qu'envers les garçons, que ceux-ci soient en difficulté ou non.

Des attentes élevées pour tous les élèves n'aideraient pas les élèves à rendement faible à atteindre magiquement de nouveaux plateaux. Plutôt, ces attentes élevées qui sont constamment impossibles à atteindre ont pour effet de miner graduellement l'effort des élèves. Ce qui semble important, c'est l'exactitude et le réalisme des attentes pour un enseignant dont le rôle est d'aider chaque élève à développer un bon rapport avec le savoir scolaire. La focalisation sur l'échec et ses causes joue un rôle défensif pour les enseignants.

Afin de réduire l'effet négatif des attentes faibles, il convient de sensibiliser les enseignants aux effets dommageables de ces attentes, augmenter leur niveau de conscience en regard de leur propre comportement en classe, et de donner de meilleures rétroactions et plus de support à l'enseignant qui interagit avec les élèves en difficulté. On a aussi découvert que les enseignants qui ont des attentes réalistes pour tous leurs élèves et qui basent la nature de leurs interventions sur ces attentes favorisent un meilleur apprentissage chez leurs élèves comparativement aux enseignants qui entretiennent des attentes irréalistes (Good et Brophy, 1986, p. 510).

Certains chercheurs (Cooper et Good, 1983) se sont demandé si la différence dans les attentes de l'enseignant au niveau du rendement scolaire des élèves était liée aux causes attribuées à ce rendement scolaire. Dans leurs études principalement de type expérimental, ils ont vérifié si l'enseignant attribuait les succès ou les échecs à des causes différentes selon qu'il s'agissait des élèves pour lesquels il avait des attentes élevées ou des attentes faibles. Ils sont arrivés à la conclusion que l'enseignant a tendance à attribuer plus de crédit personnel au succès de l'élève pour lequel il a des attentes élevées et moins à l'élève pour lequel ses attentes sont faibles (Lautier, 2001, p. 58).

Plus encore, l'enseignant a même tendance à discréditer les succès scolaires des élèves pour lesquels il a des attentes de rendement faible en attribuant ces succès à des causes externes ou internes instables, tels l'effort, la chance, le hasard, la tricherie. L'enseignant finit par limiter le développement intellectuel de ces élèves. Par contre, l'enseignant rend davantage responsables les élèves à attentes élevées pour leurs succès en les attribuant à leurs aptitudes intellectuelles et à son action, alors qu'il attribue les échecs des élèves à attentes faibles à un manque d'habileté cognitive et à la paresse.

Ainsi, l'enseignant attribue plus souvent l'échec de l'élève pour qui ses attentes sont élevées à un manque d'effort immédiat et à une négligence, alors qu'il attribue plus souvent l'échec des élèves pour qui ses attentes sont faibles à un manque d'aptitude intellectuelle. La cause de l'échec des élèves faibles est donc externe à l'enseignant alors que la cause de la réussite des bons élèves lui est interne (Cooper et Good, 1983, p. 97).

A partir d'une analyse de 20 études utilisant l'observation en situation naturelle de classe comme méthode de cueillette de données, Good et Brophy (1974) rapportaient que 13 d'entre elles arrivaient à la conclusion suivante : les enseignants interagissent au plan scolaire plus fréquemment avec les élèves pour lesquels ils ont des attentes élevées qu'avec les élèves pour lesquels ils ont de faibles attentes. Les enseignants encouragent beaucoup les bons élèves et critiquent ou blessent souvent dans leur narcissisme les élèves aux faibles attentes quand ils répondent de façon incorrecte.

En résumé, il y a une relation significative entre les attitudes, les comportements des enseignants et leurs attentes et les résultats des élèves. Nous pouvons ainsi dégager deux points importants : d'abord, les élèves pour qui les enseignants ont des attentes élevées ont plus de possibilités d'apprendre et de développer les habiletés supérieures. Ils ont plus de chances que les autres d'être en interaction positive de type scolaire avec l'enseignant et ils sont plus souvent sollicités pour répondre aux questions en classe, ils ont plus de renforcements liés à la performance scolaire et à l'estime de soi. Ensuite, les enseignants ont tendance à ignorer, voire à stigmatiser fortement les élèves pour qui ils ont des attentes faibles, ces élèves ont moins de chances de se faire valoir au plan scolaire, ils répondent moins souvent aux questions adressées à la classe, et ils reçoivent plus souvent des renforcements négatifs qui inhibent davantage leurs possibilités intellectuelles.

Ces recherches expérimentales montrent nettement que les moyens les plus efficaces à privilégier auprès des élèves (en difficultés scolaires) se situent directement en salle de classe. L'enseignant, par ses pratiques pédagogiques, ses attitudes et ses attentes, a un impact majeur sur l'attitude des élèves et les types d'apprentissages scolaires de ses élèves. Quand les enseignants préparent des activités qui permettent aux élèves de vivre des succès répétés, ces derniers peuvent développer de meilleures perceptions d'eux-mêmes, ce qui augmente leurs chances d'obtenir de bons résultats. Ces élèves privilégient la *dimension cognitive* de la relation pédagogique. Les élèves en difficultés scolaires ont tendance à privilégier la *dimension affectivo-relationnelle* négative face à un enseignant stigmatisant et magistral. Il apparaît nettement que la trajectoire scolaire d'un individu dépend non seulement de ses traits de personnalité et de ses origines, mais aussi et surtout, dans ce milieu réduit qu'est la classe, des attitudes éducatives de l'enseignant en présence. On ne peut donc pas parler de l'expérience intime et individuelle de l'échec scolaire sans parler de l'expérience prégnante et décisive avec l'enseignant (Lautier, 2001, p. 74).

Si les pratiques enseignantes possèdent un pouvoir d'influence important sur la réussite et l'échec scolaires des élèves, quelles sont les pratiques pédagogiques les plus efficaces et les moins discriminantes pour les élèves faibles ?

1.1.6. Interventions pédagogiques efficaces

A partir de la synthèse des recherches qu'elle a effectuée, Chall (2000) conclut que les approches pédagogiques explicites « centrées sur l'enseignement » conduisent à de meilleurs résultats sur les plans des apprentissages de base, des habiletés cognitives et des dimensions affectives auprès des élèves aussi bien moyens que performants.

Les différentes recherches expérimentales effectuées auprès des élèves de milieux défavorisés démontrent que, dans l'enseignement explicite, il faut, d'abord et avant tout, mettre l'accent sur les apprentissages scolaires à travers lesquels les élèves développent leurs habiletés cognitives et affectives supérieures. Les approches pédagogiques trop « centrées sur l'enfant » compromettent facilement la réussite des enfants faibles qui suscitent vite chez l'enseignant des attitudes négatives et des attentes faibles.

L'idée donc que les enseignants constituent une « pièce maîtresse » des dispositifs de lutte contre l'échec scolaire et de la qualité du système éducatif est largement partagée par les spécialistes et les chercheurs (Lautier, 2001, p. 78). Les procédés pédagogiques les plus efficaces pour favoriser la réussite scolaire de chaque élève sont ceux qui favorisent l'utilisation de pratiques pédagogiques orientées vers un « enseignement explicite » et vers des apprentissages scolaires effectifs.

Rosenshine (1986) indique qu'un enseignement explicite consiste à présenter la matière de façon fractionnée, marqué d'un temps pour vérifier la compréhension, et assurant la participation active et fructueuse de tous les élèves. L'efficacité de l'enseignement explicite a été confirmée par les recherches effectuées en psychologie cognitive (Rosenshine, 2002 ; Geary, 2001 ; Bruer, 1993). Pour Zigmond (2003), l'enseignement explicite est efficace pour l'ensemble des élèves, qu'ils soient en difficulté d'apprentissage ou non. Il se dégage que l'efficacité de l'enseignant recourant à l'enseignement explicite représente le facteur déterminant de meilleurs progrès scolaires des élèves.

Cependant, comme il existe une interaction entre les caractéristiques réelles ou perçues des élèves et l'attitude, les attentes et le comportement des enseignants vis-à-vis des élèves, il existe aussi une interaction entre les caractéristiques réelles ou perçues de l'emploi et l'attitude, les attentes et le comportement des enseignants face à leur emploi. Nous pouvons dégager les éléments suivants :

(1) Les difficultés scolaires des élèves engendrent des attitudes, des attentes et des comportements plutôt négatifs chez les enseignants, et vice-versa.

(2) Les élèves en difficultés scolaires privilégient la dimension affectivo-relationnelle.

(3) Les conditions difficiles de travail engendrent des attitudes et des comportements plutôt négatifs.

(4) Les enseignants en difficulté socio-économique privilégient la dimension plutôt affectivo-relationnelle négative du rapport au travail.

(5) Nous pouvons ainsi avancer une double affirmation : la dimension affective de la relation avec les élèves et dans son travail est aussi importante que la dimension cognitive. Celle-ci n'est surtout privilégiée que quand les conditions sont bonnes.

(6) Il y a donc de la pertinence à cerner le vécu affectif des enseignants pour dégager leur niveau d'implication affective dans leur travail.

Comme on le voit, les enseignants, en tant que « médiateurs » sont des animateurs privilégiés des classes et ont une grande influence non seulement sur le mode de fonctionnement d'une classe, mais aussi sur la motivation de leurs élèves. Les enseignants disposent d'un outil précieux, eux-mêmes pour créer les conditions optimales de vrais apprentissages en classe. Ils sont le meilleur outil de l'école dans la mesure où ils aident les apprenants à établir des relations positives avec les savoirs scolaires. Comment les recruter, les former, les motiver et les retenir ? Le serment d'Hippocrate s'applique tant à la médecine qu'à l'enseignement. La première règle est de ne pas nuire ! La deuxième est qu'un peu vaut mieux que rien du tout : un peu de qualification, un peu de compétence, un peu de motivation…

La qualité de l'éducation scolaire exige que l'enseignant maîtrise son domaine pour bien convertir les expériences des jeunes élèves en connaissances. Il doit bien connaître ses matières afin de les enseigner avec compétence et autorité, tout en restant très sensible aux besoins et aux capacités propres à chacun de ses élèves. Pour bien enseigner, il faut être bien formé, car la formation façonne les actes et les attitudes de l'enseignant, tout comme la façon dont il est traité et géré. Celui qui apprend aux jeunes comment s'améliorer doit savoir s'améliorer, enrichir ses connaissances, développer ses compétences et progresser dans sa carrière. Car, la manière d'enseigner d'un professeur implique, bien plus qu'une simple ingénierie didactique, mais une démarche plus générale qui nécessite une mise en scène de soi et la personnalisation du rôle en tant que « médiateur ».

Cependant, en dépit de certaines initiatives louables, certaines questions fondamentales concernant la gestion des enseignants n'ont toujours pas été résolues pour améliorer l'attractivité et l'image de la profession. Plusieurs auteurs en font écho.

1.2. Situation des enseignants congolais

Nombre d'études (Ekwa, 2004 ; Matangila, 2003 ; Tshiala, 1995 ; Kasongo, 1989 ; Lumeka, 1985) montrent que les enseignants congolais, comme beaucoup d'autres en Afrique (Sylla, 2004 ; Mingat et Suchaut, 2000 ; Rwehera, 1999 ; Sikounmo, 1992) se trouvent confrontés quotidiennement, depuis deux décennies, aux problèmes liés à leur profession. Trente-deux ans de dictature et seize ans de transition calamiteuse n'ont pas favorisé l'émergence d'une vraie implication au travail en tant que valeur. Les autorités se contentent souvent de résoudre le problème de l'enseignement en palliant au plus pressé, sans vraiment donner aux enseignants l'envie de s'impliquer. Pourtant, de plus en plus, les parents et les enseignants revendiquent une bonne gestion du personnel de l'éducation, non seulement dans l'optique de garantir une utilisation optimale des ressources humaines disponibles, mais aussi du fait de la préoccupation croissante qui s'exprime quant à l'efficacité et à la qualité des enseignements et des acquis scolaires.

Certes, il y a quelques enseignants encore marqués par la référence à l'idéal professionnel du service public d'enseignement qui fondent leur prestige sur leur capacité à faciliter les apprentissages et les acquisitions. Mais il faut reconnaître que beaucoup d'enseignants tentent de contourner les contraintes que le travail scolaire impose en adoptant des attitudes contre-performantes : raccourcis dans la réalisation des programmes, horaires des cours amputés, retards fréquents dans le programme, laisser-faire, désintérêt, travail bâclé et superficiel, démission volontaire, etc. Il s'agit de véritables manifestations comportementales de l'état de désengagement psychologique et d'implication calculée (Allen et Meyer, 1990) qui reflètent une situation de malaise. En observant les enseignants congolais à l'œuvre, il se dégage que leur comportement est lié à leur sentiment. L'intervention des autorités politiques devrait avoir pour objectif d'influencer le comportement des enseignants pour une meilleure performance du système éducatif congolais.

En effet, un enseignant « désengagé » est celui qui limite délibérément ses énergies déployées dans son travail scolaire pour les investir ailleurs. Il devient réfractaire au changement, choisit de jouer un rôle plutôt passif et ne se préoccupe plus de la qualité de son travail ni de la performance des élèves. Il n'a plus à cœur de fournir volontairement des efforts d'amélioration continue. L'attitude négative est à son comble. L'enseignant qui devrait faciliter la réussite devient un véritable obstacle pour toute action éducative efficace.

Si aucune étude n'a encore été entreprise dans notre pays pour évaluer le niveau de motivation des enseignants afin de pouvoir parler à juste titre de la motivation ou de la démotivation, il reste que certains enseignants quittent ou projettent de quitter, mais beaucoup d'autres restent à leur poste. Ils semblent avoir opté plutôt pour un « engagement conflictuel » en lieu et place des revendications ouvertes légitimes. Essayons de cerner un peu plus ce phénomène de désengagement sous son angle plus psychologique.

1.2.1. *Les bases affectives de la démotivation*

Dans sa théorie de la motivation humaine, Nuttin (1985) présente la motivation comme une phase de la conduite humaine, le moment où les besoins se transforment en projets d'action. Il distingue trois phases dans le fonctionnement psychologique de la personne : la construction de la situation, la phase motivationnelle de l'élaboration de l'action et la phase d'exécution. Etudier la motivation, c'est étudier l'aspect dynamique de l'entrée en relation d'un sujet avec le monde, la direction active du comportement vers certaines catégories préférentielles de situations ou d'objets. Pour Nuttin donc, la motivation est acquise sur la base de l'expérience de toutes les interactions que l'individu a pu avoir avec le monde. C'est un modèle délibérément tourné vers l'action de l'homme dans son environnement. A partir de perspectives différentes, on s'accorde sur le fait que la motivation n'est pas une qualité de la personne. On ne peut parler de motivation que par rapport à un objet, dans notre cas, cet objet, c'est bien le rapport au travail. Ce rapport peut être appréhendé en termes d'implication, d'engagement ou de désengagement. Pour Morrow (1983), la motivation intrinsèque serait davantage corrélée à l'implication attitudinale alors que la motivation extrinsèque serait liée à l'implication calculée. Meyer et Herscovitch (2001) considèrent que l'implication permet d'expliquer la motivation à agir d'une personne, car, c'est toujours la personne qui s'implique, mais une implication sans compétence ne sert à rien.

Un enseignant « motivé » doit aussi être compétent afin d'établir un lien *affectif* fort avec son emploi, ce qui le poussera à fournir volontairement des efforts au-dessus de la normale dans l'accomplissement de sa mission. Nous pouvons le décrire comme une personne qui a le goût d'aller travailler et qui est heureuse de se présenter à l'école et en classe. Il est caractérisé par une attitude positive qui lui permet de créer dans ses classes les conditions favorables à la réussite de tous ses élèves et il sait communiquer l'envie d'apprendre. Il est partie prenante du projet d'établissement. Son lien affectif avec l'enseignement reflétant son attachement transcende la transaction purement économique entre l'individu et l'école (Mathieu et Zajac, 1990).

A l'inverse, un enseignant démotivé, qui choisit de rester à son poste même en n'ayant plus le sens de sa mission, établit un *lien biaisé* avec l'emploi dans l'enseignement. Il n'a plus à cœur de faire accéder aux connaissances, de susciter et de développer chez ses élèves les habiletés cognitives supérieures ni de permettre aux élèves d'identifier, de construire et d'améliorer leurs compétences personnelles. Ce lien forcé est une soumission résignée qui pousse à se restreindre à un minimum de conformité en échange d'une rétribution (Baudelot et Gollac, 2003). Il convient de noter que, dans la recherche menée par Wang, Heartel et Walberg (1994, p. 45), parmi les 28 facteurs influençant l'apprentissage, deux facteurs se situent en tête, à savoir la gestion de classe et les processus métacognitifs. La gestion de classe renvoie à la responsabilité première de tout enseignant, et les auteurs identifient l'effet enseignant comme étant le facteur ayant le plus d'influence sur la qualité des apprentissages des élèves.

En effet, le lien affectif d'un enseignant motivé repose sur trois points d'ancrage psychologique : un attachement au travail basé sur un idéal professionnel qui incite à améliorer la qualité de prestation ; un attachement à la mission, au projet de l'école basé sur une intériorisation des priorités éducatives et qui incite à fournir des efforts d'implication stratégique et un attachement à la culture du système éducatif qui induit la collaboration entre les membres de l'équipe éducative. Un enseignant motivé est fier de son travail, de son école, de son métier et il se dévoue sans compter (Mowday et al., 1979). Comme on le voit, la motivation en tant qu'état est basée sur des attitudes affectives qui découlent de la prise de conscience que les attentes personnelles peuvent être ou sont comblées par le travail.

Une implication stratégique conduit au succès de son travail, de son école, du système d'enseignement et surtout de ses élèves. Ce qui fait dire à Heyneman (1986) que le facteur le plus déterminant pour l'apprentissage, dans les pays pauvres, est la qualité de l'école et du professeur.

Pour que cet effet enseignant joue dans le sens de la pertinence, les enseignants doivent avoir des raisons et des possibilités de s'impliquer affectivement. Pour cela, l'enseignant doit avoir suffisamment d'assurance que les retombées lui seront positives, notamment sur le plan de la réalisation personnelle et de l'amélioration des conditions de travail et de vie. Que faire pour inciter les enseignants à s'impliquer affectivement ? Selon Thévenet (2004, p. 197), un employé impliqué est un travailleur dont les aspirations ont été satisfaites. Au plus profond de l'enseignant, il y a des attentes à satisfaire pour s'impliquer.

En conséquence, s'il y a un lien entre l'implication et la motivation, d'un côté, et entre la satisfaction au travail et l'implication affective, de l'autre côté, nous pouvons examiner la satisfaction au travail sous l'angle des possibilités offertes aux enseignants étant donné que ce sont eux qui jouent ce rôle actif en décidant de se motiver et de s'impliquer. Voyons à présent ce que veut dire être enseignant au secondaire.

1.2.2 *L'enseignement secondaire en RDC*

Après l'indépendance, les réformes de l'éducation en République Démocratique du Congo avaient reconnu la nécessité d'organiser un enseignement secondaire plus complet qui poursuit les trois grands objectifs suivants : le développement de la personnalité des adolescents, la préparation à la vie et à la profession et la préparation à l'enseignement supérieur. L'enseignement secondaire congolais a mission de consolider les compétences de base et de développer les diverses habiletés cognitives supérieures.

Depuis quelques années, notre pays est confronté à un certain nombre de défis, dont celui de l'accès, car la demande est en forte augmentation du fait de la généralisation de la scolarisation primaire. En plus du défi des conditions d'accueil et des infrastructures adéquates, il s'avère que la croissance du pays est étroitement liée au niveau des compétences que l'école permet d'acquérir.

Or, l'enseignement secondaire reste un domaine encore négligé. La plupart des pays pauvres, dont la RDC, ont élaboré leurs documents stratégiques de réduction de la pauvreté, mais une analyse de 28 documents produits par des pays pauvres montre que la politique d'enseignement secondaire reste accessoire. En plus, dans la moitié de ces documents stratégiques de lutte contre la pauvreté, les enjeux de l'enseignement secondaire ne sont que peu ou pas abordés et les textes ne fixent pas d'objectifs nouveaux à ce niveau d'enseignement. Un quart seulement de ces documents évoque la nécessité de développer l'école secondaire et d'en améliorer la qualité. Et pourtant, la politique de développement de l'enseignement secondaire doit être envisagée comme une composante à part entière des stratégies de lutte contre la pauvreté pour le développement humain.

L'accès au secondaire est en train de devenir un enjeu majeur du développement dans la mesure où l'enseignement primaire universel est en train de s'améliorer. La concrétisation de l'objectif dépend aussi de l'offre des enseignants suffisamment préparés. Le niveau de qualité et d'achèvement des études primaires dépend du nombre suffisant des candidats qui terminent le niveau secondaire pour embrasser la carrière enseignante au premier niveau. En outre, l'enseignement secondaire joue un rôle très important dans la lutte contre le VIH/SIDA, car, en effet, plus le niveau d'éducation est élevé, plus le taux d'infection peut être maîtrisé et les enfants scolarisés seront mieux protégés. Aussi, l'accès au secondaire et la réussite scolaire continueront d'être corrélés avec la future physionomie du marché de l'emploi et de la répartition des revenus. De nombreuses analyses confirment l'avantage comparatif sur le marché du travail des personnes ayant suivi une scolarité secondaire. Et quand des générations sont passées à côté de l'enseignement secondaire, le pays est condamné à manquer de main-d'œuvre ayant un niveau supérieur à l'éducation de base. Dès lors des postes dans les infrastructures publiques et les entreprises productives, qui nécessitent des capacités analytiques, seront tenus par des personnes n'ayant pas le niveau requis d'éducation formelle et de formation. En conclusion, l'investissement dans l'enseignement secondaire est très capital pour préparer à l'enseignement supérieur et universitaire.

Ne pas se préparer suffisamment à répondre aux besoins d'éducation des adolescents et des jeunes qui constituent un maillon important de la population congolaise (plus de 60 % de la population a moins de 20 ans) est une omission grave. Cette tranche d'âge augmente à un moment de crise et de défis sans précédent dans l'histoire de notre pays qui entre dans le 21è siècle avec un énorme déficit en matière de développement humain : pauvreté absolue, précarité sanitaire, insécurité alimentaire, crise éducative, chômage des diplômés, jeunesse désoeuvrée, intensification de l'exode rural, etc.

Malgré cette apparente fatalité au regard de la longue liste des problèmes, il y a lieu d'espérer connaître un avenir différent si et seulement si notre énorme potentiel des jeunes est rationnellement mis en valeur par le biais d'un enseignement permettant la maîtrise effective et pertinente des compétences préparant à l'université, à la vie professionnelle et à la citoyenneté responsable.

L'enseignement secondaire en République démocratique du Congo a pour but de renforcer et de consolider les acquis de l'école primaire et de faire acquérir les connaissances générales et spécifiques permettant d'appréhender les éléments du patrimoine culturel national et international. Il doit aussi favoriser l'esprit d'analyse critique, la créativité et l'éclosion des aptitudes préparant les jeunes à l'exercice d'un métier et/ou à la poursuite des études supérieures et universitaires. Un tel enseignement qui ouvre la porte au monde du travail et aux études supérieures dans des univers diversifiés et exigeants doit être caractérisé par la qualité et la pertinence pour une insertion réussie dans une mondialisation caractérisée par une économie basée sur la connaissance et la société de l'information.

Dans son ouvrage intitulé : *L'école peut-elle être juste et efficace ?* Crahay postule que la responsabilité de l'école dans la production d'échecs scolaires est largement reconnue (Crahay, 2000, p. 21). Si une telle affirmation vient ébranler des croyances populaires bien ancrées, à l'effet que le handicap socio-biologique est la source centrale des difficultés d'apprentissage, elle souligne surtout la nécessité de conduire des analyses afin d'identifier les moyens à privilégier en vue d'assurer la réussite de tous les élèves qui fréquentent l'école. Sévigny (2003, p. 40) note que la probabilité qu'un élève entreprenne des études post-secondaires est liée aussi à la catégorie de l'école qu'il fréquente. Cependant, c'est l'enseignant, qui, par ses pratiques pédagogiques centrées sur l'enseignement (Chall, 2000) exerce une influence déterminante sur la réussite scolaire de ses élèves. C'est à lui de choisir la pratique qui fait des élèves les acteurs de leurs apprentissages, mais c'est lui surtout qui doit apprendre aux élèves à utiliser efficacement toutes les stratégies d'apprentissage et d'autorégulation (Viau, 2003, p. 78-85). Trois conditions doivent être remplies pour que les élèves apprennent à utiliser efficacement ces stratégies : d'abord les enseignants doivent proposer des activités nécessitant l'organisation et l'élaboration, ensuite les élèves doivent connaître les différentes stratégies d'apprentissage. Les élèves utilisent spontanément certaines stratégies d'organisation, d'élaboration ou de mémorisation, mais c'est seulement en leur enseignant systématiquement qu'on peut s'assurer qu'ils les ont tous bien comprises et qu'ils savent les utiliser comme il faut. Enfin, pour que les élèves s'engagent cognitivement en utilisant ces stratégies, ils doivent être motivés. Il revient à l'enseignant de rendre plus stimulantes ses actions pour augmenter la motivation des élèves afin de leur permettre d'être responsables de leurs apprentissages.

Si donc l'enseignant demeure l'élément qui exerce l'influence la plus déterminante sur l'apprentissage, tout effort visant à améliorer la qualité de l'enseignement et des apprentissages doit surtout prendre en compte les préoccupations de l'enseignant. Certes, la stratégie la meilleure serait d'améliorer l'école dans sa totalité, cependant, plusieurs spécialistes sont unanimes à reconnaître que l'aptitude pédagogique d'un enseignant dépend, outre son expérience professionnelle, des formations reçues (Sylla, 2004, p. 148) et de sa satisfaction au travail. Si donc la qualité des résultats scolaires réside pour une part importante dans l'exploitation des outils d'enseignement et des infrastructures dans un climat organisationnel favorable, la présence des enseignants qualifiés, satisfaits et impliqués reste la condition *sine qua non*. Ce sont les acteurs à l'intérieur du système qui font de l'organisation ce qu'elle est, il est donc important de comprendre comment ceux-ci perçoivent leur atmosphère de travail.

Il convient donc d'accorder une attention particulière à l'enseignant pour appréhender les possibilités offertes pour investir ses capacités à l'école et en classe au niveau secondaire. Face à la crise scolaire, certains s'attachent aux besoins que l'enseignant cherche à satisfaire pour bien agir et préjugent la relation quantitative entre un certain montant et un certain niveau de motivation. Cette conception postule que la motivation varie comme le logarithme de l'excitation, d'où l'idée de la « prime de motivation » qui s'inscrit plutôt dans la perspective taylorienne d'une motivation extrinsèque.

1.2.3. *La prime de motivation des enseignants*

En effet, la stratégie proposée en 1992 par la hiérarchie catholique congolaise et rapidement retenue pour suppléer au désengagement de l'Etat dans la prise en charge financière des enseignants avait consisté à agir sur l'aspect financier pour motiver les enseignants à continuer de jouer leur rôle dans les écoles. Si cette mesure a permis effectivement d'assurer de façon continue la scolarisation des enfants, elle a peu à peu montré aussi ses limites : la contribution pécuniaire des parents n'a pas eu l'effet escompté à long terme ; au contraire, la solution s'est révélée insuffisante au fil du temps, et cela, malgré des ajustements périodiques. En effet, de plus en plus, cette prise en charge par des parents, eux-mêmes impayés, sous payés ou chômeurs s'avère injuste, dans la mesure où elle profite plutôt aux familles nanties qui n'éprouvent pas de difficulté à faire scolariser leurs enfants, quel que soit le montant exigé.

Nous pouvons à juste titre parler d'une « sélection par la fortune » qui est contraire à l'équité et au droit à l'éducation pour tous. En conséquence de la pauvreté du plus grand nombre, le taux de scolarisation baisse alors que les enseignants ne sont toujours pas motivés. L'écart entre le salaire attendu et le salaire réellement reçu n'induit pas de motivation. Nous rejoignons la conclusion de Patrice Roussel (1996, p. 284) selon laquelle, la rémunération flexible, c'est-à-dire les avantages divers, y compris les primes, ne motive pas quand on sait que l'employeur utilise l'argent pour autre chose.

En principe, il aurait été plus logique de la part des enseignants de démissionner souvent, étant donné le désengagement de l'employeur du personnel éducatif, en réalité, beaucoup d'enseignants restent en place. Chacun reste à son poste, en fait à sa tête et fait plus souvent le strict minimum.

Il nous semble pourtant que le discours sur « l'éducation pour tous », sur la qualité de l'enseignement dans notre pays et sur la fonction enseignante diverge profondément quant à la relation entre la situation enseignante actuelle et les aspirations profondes des enseignants dans leur travail. Tout se passe comme si, parmi les déterminants décisifs de la motivation au travail, seul l'aspect financier est incitatif. Cette difficulté de comprendre *que la démotivation témoigne d'une insatisfaction* et qu'un enseignant devrait être satisfait de plusieurs facettes de son travail pour être motivé a perpétué un style de gestion du personnel inadéquat et inopérant. Cet imbroglio conceptuel a sans doute jeté la confusion dans les esprits de tous les gestionnaires et les usagers de l'école congolaise. Cela démontre encore le niveau d'ignorance du taylorisme et des critiques formulées à l'endroit des systèmes incitatifs extrinsèques.

Entre ceux qui confondent fâcheusement les vœux qu'ils formulent pour la revalorisation de la profession enseignante avec une analyse précise des conditions de réalisation et ceux qui renoncent à considérer ce problème et à formaliser les modalités d'intervention, nous voulons apporter un éclairage scientifique au problème. Un enseignant ne se motive et ne tisse lui-même un « *lien affectif* » qui le pousse à fournir délibérément et intentionnellement des efforts pour un travail de qualité que s'il s'estime satisfait des aspects cruciaux de son travail. L'implication affective serait fortement corrélée avec la satisfaction globale au travail. Celle-ci précéderait la motivation et l'implication affective au travail.

La perspective de la reconstruction de notre système éducatif nous conduit à cerner l'interprétation plus globale de l'expérience de travail des enseignants. A quel degré et dans quelle mesure, les enseignants congolais s'estiment-ils satisfaits de différentes dimensions de leur travail au point de décider eux-mêmes de s'impliquer affectivement et qualitativement ?

C'est la conviction selon laquelle la satisfaction au travail joue un rôle important dans le processus de la motivation et d'implication qui a déterminé notre choix d'examiner la perception des caractéristiques du travail des professeurs en tant qu'antécédent des intentions futures. Et nous avons choisi d'interroger les professeurs du réseau d'enseignement qui est relativement bien organisé et assez bien équipé par rapport aux autres réseaux du pays. Il s'agit de voir comment ils perçoivent leur environnement de travail et non pas comment les autres le décrivent.

L'intitulé choisi pour notre étude ne concerne pas seulement l'(in)satisfaction qui s'attache au travail pendant que les professeurs y sont ou lorsqu'ils n'y sont plus.

Le titre de l'ouvrage peut avoir un côté contradictoire : comment le travail (d'enseignant) pourrait-il être source de satisfaction alors que la situation de notre pays évoque à juste titre la contrainte, la précarité d'un pays sous-développé ? En effet, dans toutes les organisations où le résultat dépend du travail des personnes, le problème se pose de savoir « comment atteindre les objectifs », il faut savoir comment influencer certains comportements pour y parvenir. C'est en vue de l'amélioration de la qualité de l'enseignement et des apprentissages que nous cherchons à évaluer le niveau de satisfaction afin de pouvoir envisager des stratégies devant permettre une implication affective des professeurs dans le sens des attitudes et des comportements attendus. Nous envisageons la satisfaction au travail comme étant une évaluation des conditions de travail fondée sur une interaction entre l'environnement de travail et les valeurs et besoins particuliers des professeurs. La question se pose de savoir comment aborder le problème concrètement, sinon à partir d'un bon cadre de référence que nous exposons dans le chapitre suivant.

CHAPITRE II

LE CADRE CONCEPTUEL

Après avoir consacrée le premier chapitre à la présentation de notre problématique, nous nous proposons maintenant d'examiner le cadre de référence. Pour y arriver, nous explorons d'abord le contexte historique d'émergence de la problématique de la motivation et de la satisfaction des travailleurs. Nous se dégageons, en filigrane, la préoccupation d'améliorer la capacité productive des travailleurs, et non pas une rhétorique théorétique. Le cadre conceptuel indique les facteurs critiques qu'il conviendra de prendre en compte dans la suite de l'analyse.

2.1. Taylor et l'organisation scientifique du travail

Pour bien comprendre la théorie de Herzberg, il convient de la situer dans le contexte de la « *révolution taylorienne* » pour autant que Herzberg apparaît comme le représentant d'une réaction opposée au taylorisme. Nous sommes au début du XX° siècle : c'est l'ère des machines spécialisées de travail, grâce auxquelles l'établissement d'un plan de production devient plus précis d'autant que l'étude systématique et scientifique des méthodes de travail permet de servir ce plan. On cherche à augmenter la production industrielle.

La théorie de F. Taylor repose sur une vision motivationnelle brutale selon laquelle l'homme est rétif au travail qu'il n'aime pas. Il est obligé de travailler pour gagner sa vie et satisfaire ses besoins de survie et de sécurité en cherchant surtout un maximum de rétribution pour un minimum de contribution. Or, pour contribuer à la productivité, Taylor est convaincu qu'il faut obtenir l'adhésion des travailleurs à la logique industrielle par l'augmentation des salaires élevés. Cette conception conduit l'Organisation scientifique du travail » : il s'agit essentiellement de la distinction radicale entre, d'une part, la conception et la préparation du travail et, d'autre part, son exécution par l'ouvrier. Quels que soient ses états d'âme, l'homme doit être pris dans un système, dans une mécanique où il n'a pas le choix. Il devra effectuer sa tâche à l'intérieur d'une cadence, cette tâche sera d'ailleurs le plus souvent une opération parcellaire concourant à réaliser un produit quelconque.

L'originalité de Taylor est d'avoir déduit que les progrès proviendront principalement du mode d'exécution du travail ouvrier. Sa méthode scientifique d'organisation du travail a pour but de favoriser la productivité en tant que vitesse de réalisation des opérations de travail. L'accroissement de la production est obtenu par la mise en place d'une organisation du travail centrée sur le concept de « tâche » qui passe par la définition de « gammes » et le chronométrage. Les activités d'études, dévolues à des « bureaux des méthodes », ainsi que le travail de contrôle de l'exécution des prescriptions par les contremaîtres et chefs d'équipes, constituent des détours de production supposés largement compensés par les gains de productivité obtenus sur le travail direct (Roussel, 1996). Taylor incite ainsi au développement d'un certain type de techniques de production : celles qui absorbent, avec le maximum d'efficacité, la vitesse, la précision et la durée la plus large d'exécution du travail humain.

La rationalité organisationnelle contourne ainsi le manque d'appétit au travail en mettant un terme aux aspirations intimes des travailleurs. L'homme travaille parce qu'il est y obligé, parce qu'il doit survivre. Il perd sa vie en la gagnant. Pour Taylor, si des tensions sociales émergent, elles seront régulées par un supplément de rétribution et l'apaisement s'en suivra. Pourtant, si les incitations financières restent les leviers principaux de la motivation des salariés, cette motivation reposant sur le simple critère du salaire est remise en cause du fait de la parcellisation des tâches qui rend le travail peu gratifiant et démotivant. Le taux d'absentéisme augmente donc régulièrement au fur et à mesure que la recherche de nouveaux gains de productivité se traduit par une augmentation des cadences de production. La motivation individuelle ne se limite pas forcément à la stimulation par l'argent ; les leviers de la motivation sont à chercher dans la complexité de l'individu.

2.2. Maslow et la hiérarchie des besoins

Pour le psychologue Abraham Maslow (1954), l'homme n'est pas qu'instinctuel, la nature humaine a été sous-estimée. L'homme est une nature supérieure qui a des besoins supérieurs qui sont moins animaux, moins tangibles et plus vastes. Il relève une hiérarchisation des besoins humains « innés » dans le but de définir d'autres leviers de la motivation au travail : besoins physiologiques, besoins de sécurité, besoins sociaux et d'appartenance, estime de soi et actualisation de soi. En effet, selon Maslow, les besoins humains constituent la base de la motivation humaine. Son raisonnement est que ces besoins sont présents de façon latente chez chaque personne et que le besoin supérieur ne devient conscient que lorsque les besoins inférieurs contribuant à la motivation de l'individu sont comblés. Tant qu'un besoin n'est pas satisfait, il constitue une source de motivation. Il faut donc répondre aux besoins fondamentaux des travailleurs comme à des étapes sur le chemin de la réalisation personnelle qui est un état où l'individu est moins divisé, plus indépendant de ses besoins de base, plus intégré et plus attentif à sa propre personnalité.

Dans le milieu professionnel, la hiérarchie des besoins joue un grand rôle, dans la mesure où la performance des travailleurs peut se dégrader s'ils ne sentent pas reconnus et s'ils ne parviennent pas à satisfaire leurs besoins de survie et de sécurité. Autrement dit, le comportement humain est guidé par le besoin le plus intense dans la situation présente. Il faut donc tenir compte, dans le milieu du travail, à la fois du caractère dynamique de l'évolution des besoins des travailleurs et de la diversité des besoins au sein d'une même équipe. Du bas vers le haut de la pyramide de Maslow, la progression des besoins passe du registre de l'avoir au registre de l'être.

Sans mettre en cause l'intérêt de distinguer les besoins, certains auteurs en critiquent l'universalisme « arbitraire », là où les choix des individus dépendent de leur environnement et des représentations dans lesquelles ils fonctionnent. D'un individu à l'autre, l'intensité des besoins est répartie de manière différente, de même, les différentes phases de la vie influencent diversement la hiérarchisation des besoins.

Cependant, si Maslow a tenté de répondre à la question du « par quoi et pourquoi les individus sont motivés » en hiérarchisant les sources motivationnelles, Herzberg considère que l'homme aspire non seulement à la satisfaction de ses besoins innés, mais aussi à la réalisation de soi et au développement de son potentiel. L'homme recherche un travail qui l'enrichit, c'est donc au travail même qu'il faut chercher les leviers de la motivation.

2.3. Frederick Herzberg et la théorie bifactorielle

Né en 1923, Frederick Herzberg est d'abord diplômé de la School of Public Health de l'Université de Pittsburgh. Il en acquiert l'envie de contribuer à la « santé morale industrielle ». Sa première grande expérience le conduit, comme volontaire de l'armée américaine, au camp de concentration de Dachau juste après sa libération. Professionnellement, il effectue d'abord des travaux de recherche sur les maladies mentales pour le compte du Public Health Service américain, puis il s'oriente vers la psychologie de management à l'Université de Utah. En 1959, la publication de l'ouvrage collectif, « The motivation of work », lui apporte un début de réputation. Il s'agit d'un travail empirique dont le mode d'investigation a été reproduit dans beaucoup d'autres études, ce qui en fait l'un des plus imités dans le domaine des attitudes au travail. Mais Herzberg interprète intelligemment les résultats en donnant à penser (par la théorie des deux facteurs) et à faire (par ses conceptions en faveur du « job enrichment »).

L'objectif initial est de rectifier « la manière dont s'est formée, dans les institutions dominantes, la conception même de la nature humaine », au détriment du plaisir au travail. Trop souvent, l'industrie gâche le bonheur que l'homme s'efforce d'atteindre, et ce en dépit des tentatives les plus sincères des dirigeants. La fonction première de tout groupement social devrait consister à mettre en œuvre les moyens permettant à l'homme de jouir d'une vie ayant plus de sens (1971).

Herzberg et ses collègues vérifient *l'hypothèse* formulée en 1957 d'après laquelle les facteurs qui sont à l'origine des attitudes positives de l'individu envers son travail sont différents des facteurs qui génèrent des attitudes négatives par rapport à son emploi. Herzberg distingue deux sortes de facteurs :
- Les premiers sont extrinsèques (l'hygiène de vie) concernent avant tout la qualité de l'environnement et répondent à des besoins en l'absence desquels le travailleur est mal à l'aise ou frustré. Leur manque ou leur dysfonctionnement rend insatisfaits les travailleurs et les pousse à réclamer en leur faveur (par exemple en matière d'hygiène et sécurité, de conditions de travail, de rémunération de base, de rapports hiérarchiques (ou de relations professionnelles). Mais leur

présence apaise seulement sans vraiment stimuler ni satisfaire l'employé.
- Les seconds facteurs sont intrinsèques (psychologiques) : l'intérêt au travail, les responsabilités reçues, la possibilité de reconnaissance et de d'accomplissement à travers l'activité professionnelle. Pour lui, le besoin de « *se réaliser* » est le seul facteur de motivation, pour satisfaire ce besoin, le travailleur ne se lasse pas d'en faire le plus possible, non seulement pour l'atteindre mais aussi pour dépasser l'objectif qu'il s'est fixé. La satisfaction se produit quand le besoin de réalisation de soi est comblé. Le travailleur se réalise, selon Herzberg, à partir du contenu des tâches, de la réussite, de la promotion, de l'autonomie. Bref, les facteurs qui conditionnent la satisfaction sont l'avancement, les responsabilités, la nature du travail, la reconnaissance et la réalisation de ses capacités. Pour motiver les travailleurs à s'appliquer vraiment au travail, Herzberg propose de leur donner un travail qui leur permet de « se réaliser », qui offre donc la possibilité de faire une expérience enrichissante et variée, un travail qui comporte une certaine autonomie et des responsabilités.

Cette première théorisation a un double intérêt. Tout d'abord, elle redit la valeur contrastée des objets motivationnels. Certains (de nature hygiénique) ne font que calmer la frustration sans satisfaire (ils tendent à rétablir un équilibre passif). D'autres (de nature psychologique et dynamique) alimentent la stimulation à produire (ils

donnent du cœur à l'ouvrage). Ensuite, Herzberg repense à sa façon la hiérarchie des besoins (les plus bas sont liés au « confort » environnemental ou à la sécurité ; les plus élevés ont un rôle d'activation et de réalisation personnelle). Face aux entreprises de son temps, Herzberg est mi-effaré, mi-subjugué par la prédominance de l'organisation commerciale. Il la confronte à ce qu'il envisage dès lors comme une double nature dans l'homme :
- l'homme éprouve « deux genres de besoins fondamentaux, ses besoins instinctifs ou physiologiques en rapport avec le milieu, et ses besoins spécifiquement humains, concernant les devoirs qui lui sont propres » (1971) ;
- l'animalité de l'homme a été exploitée par les forces dominatrices et commerciales de la société, ce qui a conduit à l'aliénation au travail.

Autrement dit, pour Herzberg, l'existence de deux types de facteurs se transforme en une polarisation des salariés selon leur soumission aux premiers ou leur adhésion aux seconds. Analysant « les mythes qui se rapportent à la nature humaine », il les rattache aux deux images bibliques d'Adam et d'Abraham. Chassé du paradis par sa faute, Adam n'a comme aspiration que « d'échapper à la multitude des circonstances génératrices de maux qu'il rencontre dans son nouveau milieu « d'aliénation » ; semblable aux animaux, son instinct le porte à fuir la souffrance. Allié de Dieu et appelé par Lui, Abraham est un « être de ressources » qui peut réaliser ses virtualités innées. Un bon management doit proposer aux salariés responsabilité et autonomie permettant à chacun d'établir une intimité heureuse avec son emploi.

Dès lors, selon Herzberg, certaines personnes sont en bonne santé, d'autres sont atteintes de « maladie morale ». Les premières sont en « croissance psychologique » et cherchent à « savoir davantage », elles découvrent de nouveaux rapports entre les connaissances, elles ont une « aptitude à créer ». Leurs mobiles valorisants sont dynamiques : « l'efficacité dans la difficulté des choix, dans l'ambiguïté des situations », l'individuation, le développement réel (et non la croissance illusoire par des artifices sociaux qui « servent de succédanés à un accroissement authentique du tissu psychologique »). A l'inverse, les personnes psychologiquement blessées sont « déréglées du moral et de l'émotivité ». On voit comment la théorie de deux facteurs finit par séparer deux types de personnes :

- celles qui restent dans la posture Animal-Adam cherchent à échapper aux maux dûs au milieu ; elles sont surtout attentives aux conditions de travail, aux relations avec l'encadrement, à l'administration des entreprises et aux aspects sécurisants du salaire ;
- celles qui s'ouvrent à une posture Humain-Abraham aspirent au développement d'eux-mêmes, elles sont sensibles aux possibilités qu'on leur offre en matière d'accomplissement, de responsabilité, de promotion et de reconnaissance ; elles évaluent la qualité intrinsèque de leur travail comme moyen de réalisation, de valorisation et d'évolution.

Ainsi insidieusement, la théorie des deux facteurs se mue en une distinction de deux espèces d'humanités, même si l'objectif de Herzberg, en dernier ressort, fut d'inciter les passifs à devenir actifs, à condition qu'ils soignent leur « maladie morale ».

Herzberg fut le premier à définir en opposant les caractéristiques du travail : d'une part celles qui procurent la satisfaction et motivent, d'autre part celles qui ne satisfont ni ne motivent le travailleur.

Tableau 1 : Théorie bi-factorielle de Herzberg

FACTEURS D'HYGIENE (CONTEXTE) Besoins physiologiques	FACTEURS DE SATISFACTION (CONTENU) Besoins psychologiques
1. Sécurité d'emploi	1. Accomplissement
2. Salaire	2. Considérations
3. Conditions de travail	3/ Travail intéressant
4. Hiérarchie	4/ Responsabilité / Autonomie
5. Politique de l'entreprise	5/ Promotion / Avancement
6. Statut	6/ Enrichissement personnel
7. Relations interpersonnelles	
8. Facteurs de vie personnelle	
INSATISFACTION	SATISFACTION

Source : Brunet, et al., Satisfaction des enseignants ? Bruxelles, Labor, 1991, p. 23.

L'apport final de Herzberg est d'avoir montré que certains facteurs servent à réduire des tensions, à prévenir des insatisfactions sans conduire à la satisfaction ; alors que d'autres ont pour fonction de stimuler, mobiliser, de créer des déséquilibres dynamiques et d'augmenter la satisfaction (1959, p. 80).

Pour être motivé, selon Herzberg, un individu doit occuper un emploi dont le contenu lui offre la possibilité de relever des défis. Herzberg note que le contraire de la satisfaction n'est pas l'insatisfaction, mais la non-satisfaction. Les facteurs d'hygiène qui sont surtout liés au contexte dans lequel s'accomplit l'emploi, permettent tout simplement d'éviter l'insatisfaction. Par exemple, lorsqu'un problème d'ordre moral ou motivationnel survient chez le personnel, les autorités recourent à des simples solutions telles que des augmentations des salaires, des avantages sociaux ou à d'autres changements dans les conditions de travail. Par la suite, ces autorités s'étonnent que le personnel ne soit pas plus motivé qu'avant. Cette théorie postule que la présence des facteurs d'hygiène appropriés est absolument nécessaire au maintien d'une gestion adéquate des ressources humaines et qu'il faut ensuite améliorer le contenu des tâches pour satisfaire réellement les travailleurs.

Pour nous résumer, Herzberg souligne que les conditions de travail sont un facteur de mécontentement, les politiques de motivation ne peuvent se contenter d'améliorer les conditions de travail. Une bonne politique doit consister à favoriser l'implication par la complexification et l'enrichissement des tâches : par leur variété, l'autonomie, la responsabilité, les interactions. La satisfaction par rapport au contenu du travail est la seule source de motivation au travail.

La théorie de Herzberg a fait aussi l'objet de nombreuses controverses théoriques et empiriques. Pour l'essentiel, l'erreur principale de Herzberg est sa bi-polarisation de facteurs qui fonctionnent en interaction dynamique. En outre, cette théorie serait biaisée par le phénomène de l'attribution :

1) Les travailleurs interrogés, quelle que soit leur profession, ont tendance à classer comme « insatisfacteurs » les caractéristiques organisationnelles et assez souvent leurs partenaires, et à s'attribuer à eux-mêmes les caractéristiques « motivationnels ».
2) King (1970) a testé cinq versions possibles de la théorie de Herzberg. Il apparaissait au mieux que les facteurs d'hygiène causaient plus souvent de l'insatisfaction, mais que d'autre part, les facteurs « motivateurs » produisaient autant de satisfaction que d'insatisfaction. La démarcation des facteurs ne peut être nette.
3) L'introduction de l'enrichissement des tâches a suscité la résistance des acteurs.
4) Mais la vraie pierre d'achoppement de la théorie de Herzberg réside dans la méthodologie utilisée : la théorie fut construite selon la méthode des incidences critiques, ce qui a conduit à l'obtention des résultats biaisés.

La théorie affirme que pour produire des attitudes positives par rapport au travail, et dans le but de motiver un employé, les éléments identifiés dès l'origine comme facteurs de motivation doivent être incorporés dans l'emploi d'un salarié. L'expérience subjective vécue en situation de travail détermine la satisfaction au travail. Le travail doit offrir à l'employé des possibilités de sentiment d'accomplissement, et la personne doit recevoir de la reconnaissance pour cet accomplissement. Le travail doit être intéressant, permettre de progresser, et exiger de la responsabilité. Quand les emplois sont conçus selon les principes d'enrichissement (variété, complétude, importance, autonomie, feedback), la satisfaction et les attitudes positives se produiront (Pinder, 1984, p. 26).

Cette première théorie indique déjà que tous les facteurs du travail n'apportent pas satisfaction, et d'abord ceux que nous considérons ordinairement comme les plus importants : les salaires et les conditions de travail. Cependant, certains auteurs notent que la démarcation entre les facteurs de satisfaction et d'insatisfaction est flexible (Francès, 1995). Pour Herzberg donc, la satisfaction ne vient pas de l'élimination de l'insatisfaction mais du développement des facteurs de satisfaction, il spécifie ce à quoi le salarié est sensible et qui le mobilise dans l'emploi. Le travail le plus complet sur la satisfaction au travail est celui de Locke que nous présentons à grands traits dans la section qui suit.

2.4. La théorie du choix cognitif

La théorie de *la divergence* développée par Locke (1969) constitue la principale conceptualisation du processus cognitif de la satisfaction au travail. Celle-ci résulte de *l'écart* entre ce que devrait être l'emploi d'un individu, selon ses valeurs, et ce qu'il est en réalité, selon ses perceptions. Locke précise que *la satisfaction au travail est un état émotionnel résultant de l'évaluation faite par une personne de son travail ou de ses expériences de travail* (1976, p. 1300). Il s'agit donc d'une réponse affective de la personne face à son emploi.

Aussi pour Locke, un emploi est une interconnexion de tâches, de rôles, d'interactions, etc. Son étude tente de cerner l'ensemble des aspects de l'emploi par rapport auxquels un travailleur éprouve des sentiments affectifs distincts. Il s'agit d'évaluer la divergence des perceptions entre ce que devraient être différents aspects du métier et ce qu'ils sont effectivement. Le concept de satisfaction au travail renvoie à un sentiment de plaisir, de contentement, issu d'une expérience concrète de travail.

Adams (1963 ; 1965) affirme que la satisfaction est le sentiment qu'un employé a d'être traité avec équité s'il perçoit que les avantages qu'il retire de son travail sont justes en regard des contributions qu'il apporte à son entreprise. C'est le principe de l'équité interne. En outre, la perception qu'a un employé de ce qu'il reçoit dépend aussi de la perception de ce que reçoivent d'autres personnes prises en référence et occupant des emplois similaires. C'est le principe de l'équité externe.

L'intérêt du modèle de Lawler (1971) est d'intégrer les propositions avancées par la théorie de l'équité et la théorie de la divergence. Ce type de modèle, en mettant en avant le rôle des perceptions dans le processus conduisant à un certain degré de satisfaction, suppose que celle-ci est un phénomène « subjectif ». D'après ce modèle, la satisfaction résulte de la comparaison faite par un travailleur entre sa perception de ce qu'il devrait obtenir et de ce qu'il obtient réellement.

Ce modèle présente le mécanisme de convergence ou de divergence de deux types de perception conduisant soit à la satisfaction quand il y a convergence, soit à l'insatisfaction quand il y a divergence des perceptions.

Les modèles de causalité étudiant le processus de la satisfaction par les besoins constituent une seconde catégorie. Ils mesurent le niveau de satisfaction au travail par le degré avec lequel l'emploi peut satisfaire ou permet de satisfaire les besoins de l'individu. Les travaux de Porter (1961 ; 1963) sont les plus représentatifs de ce courant. Ce type d'approche permet de comprendre le processus de satisfaction par l'importance de la divergence perçue par le travailleur entre ses désirs concernant ses besoins et ce qu'il obtient effectivement. La notion de désir permet dans ce cas d'associer les notions d'attentes (probabilité de recevoir) et d'aspiration (type et niveau des buts à atteindre). Le désir est fonction de l'importance que représente chaque besoin pour un individu. *La variable à expliquer, la satisfaction au travail, peut être étudiée soit par ses déterminants comme les besoins, soit par les différentes facettes de l'emploi.* Car, par rapport à l'emploi, l'individu a des besoins, des aspirations, d'intérêts du travail, d'amitié avec les collègues, de reconnaissance, d'appréciation et de réalisation de soi.

Concernant la satisfaction au travail, la théorie de Herzberg nous servira de matrice pour une analyse selon les caractéristiques du travail, par contre, la théorie de la divergence de Locke nous servira du point de vue de la définition et de l'évaluation de la satisfaction au travail. Autrement dit, la satisfaction sera étudiée selon l'approche par facettes de l'emploi pour évaluer la divergence des perceptions entre ce que devraient être différents aspects de l'emploi « enseignant » et ce qu'ils sont réellement. Nous envisageons la satisfaction professionnelle en tant que conséquence de l'expérience de travail consolidée en attitude. En effet, au-delà de la satisfaction par aspect, nous tenterons d'appréhender la satisfaction globale des enseignants vis-à-vis de leur travail.

2.5. Précisions terminologiques

Les approches théoriques sont importantes pour définir les concepts, mais l'opérationnalisation qui en est faite est aussi importante. Pour éviter la confusion, nous nous proposons d'expliciter d'abord les mots-clés de notre sujet dans leur acception conventionnelle, contestable parfois, mais non arbitraire, dans la mesure où elle est validée par leur capacité à rendre compte du phénomène considéré. La définition de la satisfaction au travail sera fonction du choix de notre cadre conceptuel.

25.1. Evolution de la notion de travail

Il n'est pas sans importance de définir d'abord ce qu'est le travail, avant d'affirmer que l'enseignement est un travail. Selon Le Petit Robert, le travail est l'état de celui qui souffre, qui est tourmenté ; c'est une activité pénible, fatigante. C'est aussi l'ensemble des activités humaines coordonnées en vue de produire ou de contribuer à ce qui est utile. C'est une activité nécessaire à l'accomplissement d'une tâche ou mieux une action ou une façon de travailler une matière ou de manier un instrument. Le travail est l'ensemble des activités manuelles ou intellectuelles exercées pour parvenir à un résultat utile déterminé (œuvre, ouvrage, production). C'est une activité organisée à l'intérieur d'un groupe social et exercée d'une manière réglée. Le travail est une activité laborieuse professionnelle et rétribuée (emploi, fonction, gagne-pain, métier, profession, spécialité).

Michel de Coster (1993, p. 19) nous rappelle que les contenus des motivations ont fortement varié au cours de l'histoire, non pas tellement selon les conditions matérielles de vie, mais selon les croyances concernant la vie et les relations sociales, d'après les idéologies instaurant telle ou telle référence à un champ de valeurs propres à chaque époque.

Le Moyen-Age, avec l'extension du christianisme, a vu l'établissement de trois attributs de valeurs porteurs chacun d'une aspiration ancrée dans la religion chrétienne ou l'héritage biblique qu'elle recueillait : d'une part, le travail, résultat de la «condamnation biblique » de l'homme désobéissant, était une nécessité expiatoire plutôt qu'un devoir. L'étymologie du terme renvoie à l'Antiquité : le « *tripalium* » (d'où le mot « travail » est issu) était un système de trois pieux fichés en terre auxquels l'esclave était attaché. Mais cet attribut, en tant qu'expiatoire, est distinct de la pure instrumentalité de l'*otium*. L'homme médiéval n'est pas enchaîné à sa tâche par la seule force de son maître, mais par la volonté de son Créateur, le Père éternel (Coster, 1993, pp. 23-25).

Jacques Ellul (1982) ajoute qu'à partir du Xè siècle, la valeur expiatoire est doublée d'une valeur salvatrice : parce qu'il comporte de la *souffrance* et seulement dans cette mesure, le travail permet de racheter le péché originel (Francès, 1995, p. 13).

C'est pourquoi, le travail « non-pénible » comme le commerce ou les finances était déconsidéré et, par suite, souvent fut réservé aux non-chrétiens dont les Juifs. Enfin, le bas Moyen-Age, avec la Réforme, a vu apparaître une réhabilitation du travail. Avec Luther, il n'y avait plus de distinction entre prêtres et laïcs. Les uns et les autres, à leur manière, étaient au service de Dieu. L'entreprise humaine de fabrication ou de commerce, lorsqu'elle réussit, témoigne qu'elle a été reconnue par Lui. Il y a dans cette valeur une stimulation d'où naîtront, dans certains pays protestants, les premières industries. Or, la réussite est mieux assurée si le travail qu'on a choisi de faire est conforme aux capacités de la personne. D'où l'idée de choisir une vocation de travail particularisée pour se conformer aux « dons » que l'on a reçus et de les faire fructifier.

La psychologie du travail a beaucoup à retenir de ces éléments idéologiques : certains travaillent sous la houlette de l'obligation et du rachat, d'autres emploient un langage médiéval de l'implication personnelle en tant qu'adéquation de la personnalité aux attributs de l'emploi, c'est-à-dire en tant que vocation.

Avec le temps moderne, le travail est devenu *« une valeur »* principale de la société. Les classes aisées (d'abord les moines, puis au 18è siècle, le clergé et la noblesse) sont déconsidérées. Voltaire enseigne même que « le travail produit les bonnes mœurs ». Cette vertu s'étend aux ouvriers, mais aussi aux patrons des manufactures qui se développent rapidement, sous un coup de fouet motivationnel.

Aujourd'hui, dans tous les pays du monde, à côté de l'héritage de la religion judéo-chrétienne, catholique et réformée, du communisme chinois, il y a des valeurs engendrées par la vie moderne qui établissent des échelles selon que le travail est plus ou moins qualifié, autonome, considéré, expression de soi, créatif, etc.

A ces valeurs intrinsèques s'ajoutent les valeurs économiques de plus en plus importantes : le salaire, ce cachet permettant la consommation exaltée à outrance par les médias. Il faut consommer pour être moderne, mais pour consommer, il faut travailler et gagner de l'argent. La centration sur le travail et ses valeurs économiques devient un impératif (Francès, 1995, p. 14) dans un contexte économiquement mondialisé.

2.5.2. L'enseignement comme travail

L'enseignement est l'une des plus anciennes occupations. Dans la Grèce antique, le pédagogue était l'esclave qui conduisait l'enfant chez le maître, qui n'avait pas besoin d'être pédagogue. L'esclave était devenu ensuite le maître à qui l'on donnait le soin « d'instruire, de gouverner l'écolier, de lui apprendre la grammaire et de prendre garde à ses actions » (Morandi, 2002, p. 8).

Mais dans le vaste domaine de la psychologie de l'éducation, comme le montre l'abondante littérature, on étudie plus le travail scolaire des apprenants que celui des enseignants (Sirota, 1993 ; Perrenoud, 1994 ; Barrère, 1997 ; Coulon, 1997 ; Bautier et al., 1998). Ceci est de plus étonnant lorsqu'on sait que les enseignants forment une des professions les mieux organisées et les plus nombreuses, que la plupart des citoyens ont affaire à eux et que les problèmes de l'école passionnent l'opinion dans n'importe quel pays. En même temps, les enseignants constituent le cœur de ces classes moyennes d'un pays qui pèsent considérablement sur la vie culturelle et sociale d'une société. Ils définissent l'excellence légitime, hiérarchisent les compétences et les carrières des jeunes et ils marquent à jamais l'histoire de chacun. Mais l'on reste encore très attaché à l'idée selon laquelle, dans les sociétés industrialisées, le véritable travail est celui de la production.

Or, dans les sociétés contemporaines, le « travail centré sur autrui », celui de l'éducation, de la santé, du travail social et de l'organisation des relations sociales, occupe sans doute plus des travailleurs que celui de la production. Pourtant on a beaucoup de mal à définir ce travail centré sur autrui, comme une activité de transformation du monde. Curieusement, on étudie plus les travailleurs sociaux et les syndicats que les enseignants. On n'échappe pas encore totalement à l'image romantique d'une vocation définie uniquement par des valeurs et des principes et qui, au fond, ne relève que d'un jugement normatif (Tom, 1984). On n'échappe pas non plus à l'approche purement pédagogique d'une activité relevant de techniques apprises dans des institutions pédagogiques. L'enseignement est ainsi réduit à une simple affaire de personnalité, c'est un travail de relations intersubjectives, sinon un art.

Le grand mérite de Maurice Tardif et de Claude Lessard (1999, pp. 9-14) est d'étudier le travail enseignant comme « travail ». Ils nous rappellent que, comme tout travail, l'enseignement est défini par une organisation, des technologies, des contrôles, des objectifs et une division du travail et du temps et qu'il est rétribué. De ce fait, les enseignants sont des travailleurs comme tous les autres. Le travail enseignant est organisé, enfermé dans des contraintes précises, des conditions de travail imposées aux maîtres comme à tout travailleur. Ce travail repose sur des compétences et des connaissances pratiques acquises de plusieurs manières et notamment par l'expérience accumulée au cours d'une vie, non seulement dans une activité professionnelle, mais aussi dans une histoire personnelle. Comme tout travail, l'enseignement est engagé dans des relations professionnelles avec les élèves, les collègues, la hiérarchie et avec les parents. « Travail humain sur l'humain », l'enseignement exige la construction des savoirs et des relations interpersonnelles et collectives. Il exige aussi des activités de cadrage constantes et aucun organigramme ne peut épuiser la diversité des tâches conjointes auxquelles doit se plier tout enseignant qui a mission de former l'homme bourgeonnant à qui il faut donner l'envergure et l'élan .

Cependant, le travail enseignant n'est pas une activité professionnelle comme les autres parce que les buts de l'éducation sont multiples et contradictoires et parce que l'enseignant doit sans cesse arbitrer entre des finalités non seulement diverses, mais opposées. Il doit éduquer et instruire, travailler avec des groupes et des individus, collaborer avec les autres et assumer la solitude de la classe. Il doit assurer l'égalité des élèves et la promotion des meilleurs, traiter les élèves comme ils sont et les conduire vers un idéal. L'enseignant construit son métier et son expérience à travers la myriade des interactions et des contraintes qui le définissent. L'enseignement est une activité dispersée entre une logique du statut, une logique de la pratique et une logique de l'expérience. Ainsi, il se crée une tension centrale entre le domaine de la pratique et celui de l'organisation. L'emprise de l'organisation peut vouloir se renforcer et se rationaliser, elle se heurte à l'autonomie des pratiques que l'on aurait tort de percevoir simplement comme une résistance au changement alors que les enseignants se sentent à la fois menacés par l'organisation ou abandonnés par sa faiblesse. Le monde de l'école paraît alors dominé par la plainte des enseignants qui ne se sentent pas assez soutenus et qui dénoncent la bureaucratie lourde, dont ils appellent cependant la protection, mais aussi par la plainte des administratifs des systèmes qui dénoncent le ritualisme des enseignants et leur défense d'une autonomie professionnelle.

L'analyse présentée par Maurice Tardif et Claude Lessard (1999) offre un intérêt considérable parce qu'elle montre que ces récriminations croisées, que l'on observe dans tous les pays, ne sont pas l'expression d'une crise de l'éducation, mais qu'elles procèdent de la nature même du métier d'enseignant et du travail éducatif.

Tout comme les hôpitaux, les prisons, les usines ou les salles de production de grands journaux, les écoles ne sont pas un lieu neutre de travail, un simple contenant dans lequel se déroulent des actes, mais un dispositif social de travail dont les caractéristiques physiques, structurelles et symboliques ont un poids certain sur les travailleurs scolaires (Johnson, 1990).

L'enseignement peut donc s'analyser comme une activité professionnelle quelconque. Travailler, c'est agir dans un contexte donné en fonction d'un but, en oeuvrant sur un matériau quelconque pour le transformer à l'aide d'outils et de techniques. Dans le même sens, enseigner, c'est agir dans la classe et l'école en fonction de l'apprentissage et de la socialisation des élèves, en oeuvrant sur leur capacité d'apprendre, pour les éduquer et les instruire à l'aide de programmes, de méthodes, de livres, d'exercices, de normes, etc. Lorsqu'on envisage analytiquement cette activité, deux points de vue complémentaires sont ici à considérer. D'un côté, on peut mettre l'accent sur les structures organisationnelles dans lesquelles se déroule cette activité, structures qui la conditionnent de multiples façons. On insistera alors sur la façon dont le travail est organisé, contrôlé, segmenté, planifié, etc. De l'autre côté, on peut aussi mettre l'accent sur le déroulement de l'activité, c'est-à-dire sur les interactions continuelles, au sein du processus du travail concret, entre le travailleur, son produit, ses buts, ses outils, ses savoirs et le résultat du travail. En d'autres termes, on peut privilégier, selon le cas, les aspects organisationnels ou les aspects dynamiques de l'activité enseignante (Tardif et Lessard, 1999, p. 37).

Pour étudier ces aspects organisationnels et dynamiques de l'activité enseignante, on utilise diverses recherches en sociologie des organisations, en sociologie du travail et en psychologie du travail qui abordent l'école comme une organisation offrant des services et où l'élément humain prédomine. Ces études sont surtout basées sur l'idée centrale que le travail, mettant en présence des personnes (par exemple, des policiers, des juges, des avocats, des médecins, des malades, des infirmiers, des directeurs, des enseignants et des élèves, etc.) présente des caractéristiques suffisamment originales et contraignantes pour le distinguer d'autres formes de travail.

En outre, l'enseignement n'est pas seulement une affaire d'activité, mais aussi une affaire de statut en tant qu'identité de l'enseignant dans sa profession et dans la société. Cette identité n'est pas simplement donnée, elle se construit à partir des actes capables de justifier les pratiques enseignantes (Dubar, 1991, p. 14).

On peut aborder le travail enseignant en tant que travail codifié ou en tant que travail flou. On peut privilégier les aspects nettement bureaucratiques et codifiés de ce travail, avec tout ce qu'il comporte de routines, de contraintes formelles, de pesanteurs administratives, des procédures, etc. Par contre, on peut aussi s'attacher aux composantes informelles de l'activité, à tous les aspects implicites ou invisibles du métier et à ses nombreuses contingences, ses imprévues, ses zones floues qui font apparaître sa complexité.

De nos jours, l'enseignement apparaît comme un travail socialement reconnu, accompli par un groupe d'agents particuliers, possédant une formation spécialisée et oeuvrant dans un territoire professionnel relativement bien protégé : n'enseigne pas qui veut, cela exige un « permis », une accréditation, une approbation légale, etc. Ce travail s'exécute aussi dans un cadre organisationnel relativement stable et uniforme. En effet, malgré leurs diversités, les écoles et les classes possèdent une structure semblable et un mode de fonctionnement apparenté ou commun (Tardif et Lessard, 1999, p. 29).

Sur le plan même de l'activité quotidienne, le travail en classe s'appuie largement sur des routines et des traditions : les enseignants entrent en classe, prennent la parole, présentent la leçon du jour, etc. Ce travail est minuté, surveillé, planifié, mesuré, etc. Il est soumis à un certain nombre de règles bureaucratiques. Son lieu et sa durée d'exécution sont contrôlés. L'année scolaire est scandée par un train de mesures qui forment une sorte de parcours bien délimité.

Il reste que l'enseignement comprend beaucoup d'aspects informels qui laissent aux enseignants une bonne marge de manœuvre pour interpréter et réaliser leur travail, notamment sur le plan des activités d'apprentissage en classe et de l'utilisation des techniques pédagogiques. Et l'enseignant ne peut jamais contrôler parfaitement une classe dans la mesure où les interactions en cours avec les élèves sont porteuses d'événements et d'intentions qui rejaillissent sur l'activité elle-même.

Par ailleurs, l'enseignement laisse intervenir plusieurs contingences qui ont un impact significatif sur la tâche : nature des groupes, force variable des élèves, situation sociale et géographique de l'école, qualité des locaux, matériel disponible, etc. Pour une large part, l'enseignement est un travail perpétuellement confronté à de telles contingences qui déroutent parfois les projets les mieux planifiés.

Cette contingence de l'enseignement tient à plusieurs facteurs, mais le plus important réside dans la nature de son « objet ». Ayant affaire à des personnes, les enseignants sont confrontés à l'irréductibilité de l'individuel par rapport aux règles générales, aux schémas globaux et aux routines collectives. Il s'agit d'un travail dont le produit ou l'objet échappe toujours, par plusieurs aspects, à l'action du travailleur, alors qu'il en va autrement dans un très grand nombre d'activités où l'objet du travail est tout entier livré et soumis à l'action du travailleur qui le contrôle à sa guise (Tardif et Lessard, 1999, p. 31).

De plus, le travail des enseignants ne se mesure ni aux activités en classe, ni aux relations avec les élèves, bien que ces activités et relations soient centrales dans l'exercice de cette profession. L'un des traits majeurs de ce travail, c'est la grande diversité des tâches à accomplir et leur caractère très différencié qui exige des compétences professionnelles variées. Le travail des enseignants couvre la préparation et la planification des cours, ainsi que la composition et la correction et l'évaluation des travaux et performances des élèves. Tout ceci implique des interactions formelles et informelles à la fois avec les élèves et avec les différents acteurs scolaires.

Cependant, l'enseignement se rapproche plus des métiers et des professions dont l'univers de travail quotidien est marqué par une grande autonomie, où les activités se déroulent selon des figures souvent renouvelées et mouvantes, où la personnalité du travailleur devient une partie intégrante du processus de travail. Dans ce même sens, l'enseignant se confond davantage avec un « acteur social » qu'avec un agent de l'organisation. Son identité est moins définie par son rôle codifié que par ses relations humaines quotidiennes avec les autorités, les élèves et les collègues.

Notre analyse se centrera sur le travail quotidien tel qu'il est vécu et perçu par les enseignants dont nous utiliserons les éléments empiriques pour tenter une interprétation compréhensive des facteurs qui contribuent à la satisfaction des enseignants dans leur travail.

Lorsqu'on envisage analytiquement cette activité, deux points de vue complémentaires sont ici à considérer. D'un côté, on peut mettre l'accent sur les structures organisationnelles qui conditionnent l'activité. On insistera alors sur la manière dont le travail est organisé, planifié, segmenté, réparti, réalisé, contrôlé, etc. De l'autre côté, on peut privilégier les aspects dynamiques de l'activité enseignante.

C'est donc sur tous ces deux points de vue que nous entendons faire reposer le poids de notre étude de l'affectivité professionnelle des enseignants dans leur travail.

2.5.3. La condition de travail enseignant

Créée en 1919 par le traité de Versailles, l'Organisation Internationale du Travail (OIT) est devenue, en 1946, la première institution spécialisée des Nations Unies. Elle réunit les représentants des gouvernements, des employeurs et des travailleurs, dans le but de « recommander » des normes internationales minimales susceptibles de promouvoir la justice sociale par et dans le travail. « D'abord, et c'est là le moyen le plus évident, nous devons nous efforcer d'améliorer la situation matérielle des enseignants et de leurs conditions de travail, ensuite, nous devons améliorer leur niveau de culture, ensuite encore nous devons viser à plus de liberté dans l'exercice de leur profession, et enfin nous devons rechercher l'unité entre les enseignants ». C'est par ces mots que Gould, premier Président de la Confédération mondiale des organisations de la profession enseignante, s'était adressé à l'assemblée en 1953 (Maheu, 1966, p. 1). Cette confédération s'était passionnée dès le départ pour la condition du personnel enseignant. L'avènement des Nations Unies en 1945, suivi de près de celui de l'UNESCO, avait permis à ceux qui luttaient pour créer une organisation mondiale d'enseignants d'œuvrer en faveur d'une représentation des enseignants aux Nations Unies, notamment au sein de l'Organisation internationale du travail, de l'Unesco et du Bureau international d'éducation. L'organisation internationale du travail avait reconnu l'importance du rôle des enseignants dans la vie de la société, et avait déclaré, en 1952, que l'amélioration de leurs conditions économiques et sociales dans tous les pays devait être considérée comme l'un des objectifs importants de son action.

C'est dans cette perspective de « justice sociale et de progrès » que la « recommandation concernant la condition du personnel enseignant » faite en 1966 par l'Organisation Internationale du Travail précise que le mot « condition » appliqué aux enseignants désigne à la fois *la position qu'on leur reconnaît dans la société*, selon le degré de considération attachée à l'importance de leur fonction ainsi qu'à leur compétence et *les conditions de travail, la rémunération et les autres avantages matériels dont ils bénéficient*, comparés à ceux d'autres professions (OIT – Unesco, 1966, p. 5). Le réseau d'information sur l'éducation en Europe (Eurydice) a consacré une étude complète à la profession enseignante afin de mieux cerner les attentes formulées à l'égard de la profession et de mieux comprendre la situation complexe que représente la carrière d'un enseignant. Le troisième rapport présente une analyse détaillée des principales composantes des conditions de travail des enseignants dans 30 pays européens. La Fondation européenne pour l'amélioration des conditions de vie et de travail mène, depuis plusieurs années, des enquêtes sur les conditions de travail dans les pays de l'Union européenne.

Dans une notion aussi complexe et aussi difficile à déterminer que celle qu'on désigne sous le terme de condition du personnel enseignant entrent des éléments très différents. Il y a d'abord le domaine des conditions d'emploi : autonomie, charge de travail (nombre d'heures de classe imposées par semaine, effectifs, etc.), conditions physiques du milieu de travail, discipline, encadrement, relations avec les différents partenaires, manuels, supports didactiques, perspectives de carrière, condition économique des enseignants, position faite aux enseignants dans le corps social et le prestige social.

On peut donc envisager les conditions de travail d'un point de vue « administratif », c'est-à-dire au regard des tâches codifiées imposées par l'organisation scolaire ; mais on peut aussi les envisager sous l'angle des contraintes réelles du travail quotidien sur le terrain. Notre analyse s'efforcera de tenir compte de deux perspectives complémentaires dans recherche du point de vue des enseignants sur leurs conditions effectives de travail. Mais d'abord qu'est-ce qu'être enseignant au niveau secondaire ?

2.5.4. Devenir professeur du secondaire

Pour caractériser la notion de « professeur de l'enseignement secondaire », nous partons d'abord de l'étymologie du mot-clé. « Professeur », du latin « *profiteri* » signifie « enseigner en public » et désigne celui qui parle haut devant les autres, expose un sujet ou une doctrine.

L'expression « professeur » renvoie, dans notre cas, à une acception restreinte du terme. En effet, pour les fins du présent travail, nous employons le mot « professeur » pour désigner toute personne qui, dans l'enseignement secondaire congolais, a charge effective de l'instruction des élèves (BIT, 1984). Nous visons, par ce fait, le personnel enseignant à temps plein, donnant un enseignement général, dans différentes disciplines scolaires, dans des classes allant de la première à la sixième année secondaire, dans les collèges, les instituts et les lycées, et ayant les grades de diplômés d'Etat, de gradués ou assimilés, de licenciés et de licenciés agrégés tels que repris dans le recueil des instructions officielles (Ministère de l'Education, 1998, p. 108).

Le désir d'enseigner peut procéder d'une vocation et, dans ce cas, être lié à des motivations personnelles plus ou moins conscientes. Il peut procéder d'autres circonstances. Le professeur, dans une classe, joue un rôle primordial et le bon fonctionnement des dimensions interactives et sociales dépend directement des activités des enseignants et de sa capacité de gestion de classe. Non seulement, il organise le savoir à apprendre en fonction de la discipline scolaire telle qu'elle est décrite dans les manuels scolaires et les programmes, mais aussi, spécialiste de sa discipline, il ne deviendra vraiment « professeur » qu'à partir du moment où il sera capable de prendre en considération les connaissances de ses élèves pour adapter le savoir spécialisé et codifié qu'il doit transmettre. Dans ce cas, le rapport que le professeur entretient avec le savoir devient humble, car il prend en considération une série d'éléments qui sont externes au savoir de référence décrit dans les programmes et les manuels. Le professeur demeure le garant du bon fonctionnement des interactions sociales à l'intérieur de la relation didactique et il doit les gérer efficacement à travers le contrat didactique dont il partage la responsabilité avec ses élèves. C'est lui qui organise l'espace et le temps des apprentissages scolaires. Nous pouvons considérer les activités d'enseignement comme étant l'ensemble des opérations et des conditions mises en place par les professeurs pour faciliter les apprentissages des élèves. Ce qui fait dire à Carron et Ta Ngoc Châu (1998, p. 131) que la qualité de l'éducation dépend de la qualité des enseignants. Sans doute, tout dépend aussi de la qualité de l'infrastructure scolaire, des moyens mis à la disposition des enseignants, des conditions offertes aux élèves et du climat organisationnel.

Parmi les facteurs déterminants de l'efficacité de l'école, la qualification et la motivation sans doute, mais le niveau de satisfaction des enseignants est très important. En effet, même si les compétences pédagogiques, la maîtrise de la discipline enseignée, la qualité de l'environnement d'apprentissage, le style de leadership sont des facteurs importants, leur utilisation efficiente dépend dans une large mesure de l'attitude des enseignants (Sylla, 2004, p.154). Ce constat invite à considérer avec la plus grande attention toutes les mesures susceptibles de stimuler l'implication du personnel enseignant.

2.6. Les aspects du travail

Certaines recherches utilisent l'analyse factorielle pour déterminer la structure de la satisfaction. Elles aboutissent à quatre facteurs : les récompenses, les autres personnes, la nature du travail et le contexte organisationnel. Ces quatre facteurs (Hackman et Oldham, 1980) ont trait à une dimension individuelle (relation entre l'individu et les caractéristiques de son travail) et à une dimension organisationnelle (relation entre l'individu et son entreprise). En revanche, peu de recherches, à notre connaissance, associent ces deux méta-dimensions à une variable plus environnementale. Ici, le terme d'environnement désigne celui de l'organisation et non pas les caractéristiques du poste et les contraintes organisationnelles opposées aux caractéristiques individuelles.

Parmi les multiples autres instruments utilisés pour étudier la satisfaction professionnelle à partir des aspects de l'emploi, nous pouvons citer : le *Minnesota Satisfaction Questionnaire* (MSQ) de Weiss et al (1967), qui comprend vingt facettes de l'emploi ; le *Need Satisfaction Questionnaire* à cinq aspects de l'emploi (Porter, 1961) ; les échelles du *Job Diagnostic Survey* utilisées pour cinq facettes par Hackman et Oldham (1975), etc.

Dans le domaine de l'enseignement, ainsi que le disent Brunet et al. (1991, p. 11), la satisfaction au travail des enseignants représente l'aspect affectif de la perception individuelle qu'un éducateur fait à l'égard de divers aspects de son enseignement.

Larouche (1973) en définit vingt-cinq dans une version de son *Inventaire de Satisfaction au Travail* (IST) adapté à l'enseignement.

Comme on le voit, le nombre de facteurs trouvés en recherche opérationnelle est très variable, cela s'explique par le fait que les travaux entrepris sont réalisés avec des méthodologies et des instruments distincts et dans des contextes où les besoins et les caractéristiques socio-professionnelles diffèrent. Cependant, en dépit de cette variété méthodologique et instrumentale, en parcourant les multiples études empiriques, on peut identifier les mêmes facteurs constitutifs de la satisfaction au travail (Larouche, 1973, p. 91).

Ainsi, à notre avis, la définition opérationnelle qui s'harmonise le mieux avec la position théorique adoptée est celle de Locke qui définit la satisfaction au travail selon une « approche multidimensionnelle ». En tant que variable complexe, la satisfaction au travail n'est mesurée de manière efficiente que lorsqu'on tient compte de divers aspects pertinents par rapport au travail quotidien du professeur. Sa satisfaction découlerait de l'obtention de ce dont il a besoin et serait alors l'écart entre une situation souhaitée et une situation réellement vécue. L'indice de satisfaction serait alors la volonté de persévérer dans l'accomplissement du métier sous-tendue par une bonne implication au travail et des efforts au profit des élèves.

2.7. But et objectifs de cette étude

Quelles sont les caractéristiques démographiques des enseignants des écoles secondaires catholiques de Kinshasa ? Qu'est-ce qui satisfait quel professeur dans son travail ? Il s'agit de déterminer les attributs et conséquences de la satisfaction au travail.

Le but principal de l'étude est de faire un état de lieu en mettant au jour l'influence des conditions d'exercice du métier sur la satisfaction des enseignants, ce qui permet de dégager leur attitude vis-à-vis du travail. Cette attitude permet d'appréhender le niveau d'engagement. Quel est l'impact de l'environnement de travail, des aspects internes à l'école ?

De façon plus précise, nous poursuivons trois objectifs suivants :

(1) Faire un état de lieu des caractéristiques socio-professionnelles du corps enseignant et évaluer leur niveau de satisfaction au travail pour comprendre le niveau d'implication.

(2) Analyser l'influence des caractéristiques du travail sur la satisfaction.

(3) Examiner l'impact des facteurs personnels qui expliquent les variations du niveau de satisfaction : analyser les correspondances entre l'(in)satisfaction et les profils des professeurs. Indirectement, nous cherchons à comprendre si l'enseignant présent à l'école est à même de s'impliquer stratégiquement pour un enseignement de qualité en RDC.

2.8. Sa pertinence et son utilité

Selon Morrow (1983), la motivation extrinsèque serait liée à l'implication calculée, l'engagement au travail serait davantage corrélé à l'implication affective en tant qu'orientation affective active et positive envers le travail (Porter, Steers et Mowday, 1994). Pour Mathieu et Zajac (1990), l'implication affective serait fortement reliée avec la satisfaction globale au travail. La satisfaction précéderait donc l'implication et l'engagement affectifs au travail. Pour Mowday et al. (1982), la performance a un lien majeur avec l'implication affective, car les salariés les plus impliqués adhèrent fortement aux objectifs stratégiques et ont de meilleures performances. Ils seraient moins souvent absents et plus fidèles au travail. La satisfaction au travail serait la condition nécessaire de l'implication et de la motivation intrinsèque.

Simpson (1976) met l'accent sur la relation entre la « satisfaction et l'énergie déployée dans la réalisation des objectifs de l'institution éducative ». Autrement dit, un enseignant satisfait s'engage de manière qualitative dans son travail, s'aligne sur les priorités stratégiques éducatives et coopère mieux. Gérer la satisfaction des enseignants équivaudrait à garantir la qualité du système éducatif, des écoles et des apprentissages.

CHAPITRE III

LE CONTEXTE DE LA RECHERCHE

Pourquoi nous interroger sur le cadre institutionnel des écoles secondaires catholiques de Kinshasa et sur l'influence qu'il peut avoir sur le comportement et les stratégies des écoles et des enseignants ? Essentiellement pour trois raisons. La première est générique : l'on ne peut comprendre le fonctionnement des acteurs d'un système d'enseignement que si l'on ne prend pas correctement la mesure du cadre institutionnel dans lequel les acteurs opèrent et si l'on ne développe pas une analyse fine des effets régulateurs de ce dernier. La seconde raison est contextuelle : le cadre institutionnel scolaire miné par les mêmes difficultés et chacun tente de s'en sortir au détriment des élèves et des parents pauvres. La troisième raison tient au caractère exemplatif des écoles catholiques de Kinshasa. En dégager la réalité présente un intérêt certain pour faciliter au lecteur une certaine immersion.

3.1. Rappel historique

La République Démocratique du Congo (RDC) est située au cœur de l'Afrique centrale. Elle s'étend sur une superficie de 2.350.000 km² et compte quelque 60 millions d'habitants avec un taux de croissance démographique annuelle compris entre 3 et 3.2 %. Au moins 70 % de la population vit en milieu rural et principalement de l'agriculture traditionnelle. Pour aider à bien comprendre la panoplie des problèmes, il est important de bien situer le Congo dans son cadre d'émergence avant de décrire sa réalité actuelle.

C'est un jeune pays qui tire son origine du génie du roi belge Léopold II. En effet, avant 1880, les Européens disposaient pour l'essentiel en Afrique quelques implantations côtières. La France se réservait une partie du Maghreb, et en Afrique occidentale, le Sénégal. L'Angleterre possédait la colonie du Cap, la Côte d'or et des compagnies commerciales travaillaient en Afrique occidentale et orientale. Toutefois, de 1870 à 1880, l'exploration de l'Afrique progresse : on découvre des richesses intéressantes, or et diamants d'Afrique du Sud, cuivre de Rhodésie. Les Européens voient miroiter l'image d'une Afrique noire riche et peuplée (Mbumba, 1982).

Le point de départ des ambitions européennes en Afrique noire se site au Congo. Le roi des Belges, Léopold II, qui s'intéresse aux questions coloniales et gère une importante fortune personnelle, suscite en 1876 la fondation d'une Association Internationale Africaine à but essentiellement géographique : explorer le cœur du continent. Il trouve dans l'Anglais Stanley l'organisateur de l'exploration du bassin du Congo. Les ambitions de Léopold II se heurtèrent à celles des autres pays colonisateurs, dont la France, l'Allemagne et le Portugal. Bismarck se rallia à l'idée de protéger les marchands allemands en Afrique et proposa, pour régler les problèmes du commerce dans le bassin du Congo, en 1884, l'organisation d'une conférence internationale à Berlin. La conférence de Berlin (novembre 1884 à février 1885), à laquelle participèrent les principaux Etats européens, rédigea un « acte final » qui définissait le bassin du Congo, établissait l'obligation de respecter le libre échange pour toute puissance colonisatrice et définissait les conditions à remplir pour l'occupation effective des cotes et elles seules : l'implantation du « pavillon », l'autorité suffisante et la notification diplomatique.

Cet acte final, qui n'autorisait aucun partage, le déclencha dans les faits. Dès lors, dans une course contre la montre, la France entreprit de constituer un vaste empire, de la Méditerranée à l'Afrique occidentale ; l'Angleterre veut dominer l'Afrique orientale du Cap au Caire. La Belgique, l'Allemagne et l'Italie, moins bien loties, se partagèrent le reste de l'Afrique. Le roi Léopold II s'était ainsi octroyé des vastes territoires du bassin du Congo et fonda le 1er août 1885 l' « Etat Indépendant du Congo », un Etat fantoche qui était plutôt une grande propriété privée dont il assumait le titre de souverain. Le gouvernement de cet Etat s'installa à Bruxelles en 1885 avec trois départements : les affaires intérieures, les affaires étrangères et le département des finances. Léopold II réalisa son entreprise coloniale jusqu'en 1908, année où l'Etat Indépendant du Congo devint le « Congo belge », c'est-à-dire une colonie non plus d'un seul individu mais de la Belgique en tant qu'Etat (Ndaywel, 1998).

3.2. Environnement institutionnel

Le pays est devenu « indépendant » le 30 juin 1960 sous la dénomination de la République Démocratique du Congo. Malheureusement, cette indépendance fut immédiatement suivie d'une période très tumultueuse au bout de laquelle le général Mobutu prit le pouvoir à la suite d'un coup d'Etat, le 24 novembre 1965. Petit à petit, le pays avait basculé dans une dictature corrompue et prédatrice qui avait paupérisé toute la population durant 32 ans. Nous pouvons articuler les grandes péripéties de ces 32 ans comme suit.

En effet, le coup d'Etat opéré par Mobutu le 24 novembre 1965 avait mis fin à diverses rivalités internes qui divisaient les différentes factions des premiers acteurs de l'indépendance du Congo acquise cinq plus tôt. Mobutu se présentait en ce moment, aux yeux des Américains et des Belges, comme l'ultime recours contre le communisme au cœur de l'Afrique et contre le désordre et la pagaille, mais aussi comme le meilleur garant d'une stabilisation politique indispensable au cœur de l'Afrique (Mutamba, 2003, p. 38).

Son régime est donc un des premiers en Afrique à avoir une base d'appui occidentale multilatérale. Cette légitimité extérieure prédomine donc certainement sur la légitimité interne. C'est ainsi que le nouveau régime imposa rapidement de nouvelles structures autoritaires faisant fi de tous les compromis antérieurs. Produit d'une logique extérieure, il pouvait lui-même dès lors imposer une nouvelle logique interne des rapports entre le politique, l'économique et le social.

Politiquement, les institutions démocratiques libérales à l'occidentale mises en place au moment de la décolonisation furent abolies très rapidement, le pluralisme des partis fut remplacé par le *parti unique*, l'équilibre entre pouvoirs exécutif, législatif et judiciaire fut remplacé par la suprématie de l'exécutif et à l'intérieur de ce dernier par l'affirmation du pouvoir présidentiel ; l'équilibre entre pouvoir central et provincial fut remplacé par l'hégémonie du pouvoir centralisé. En effet, le 20 mai 1967, fut officiellement créé le Mouvement Populaire de la Révolution (MPR) qui s'imposa comme Parti unique et Parti - Etat, dont le nationalisme prôné se voulait « authentique », c'est-à-dire recourant aux valeurs culturelles africaines (Tshimanga, 2001, p. 292). Toutes les organisations sociales représentatives ou de jeunesse, et en premier lieu les syndicats, furent progressivement soumises au pouvoir politique. Ce changement institutionnel vers la mise en place d'un régime militaire, autoritaire, évoluant de plus en plus vers une horrible dictature personnelle, symbolisa la faillite du modèle politique libéral que l'ancienne métropole aurait voulu transposer dans sa colonie en espérant en contrôler l'évolution. Il traduisait aussi l'influence croissante des Etats-Unis, et l'alignement de leurs alliés européens, notamment belges, sur l'évolution des conceptions américaines en matière de régimes politiques convenant aux pays du Tiers-monde pour y empêcher l'avènement de pouvoirs qui y restreindraient la pensée et les intérêts occidentaux.

La croissance de ce régime doit se voir avant tout dans le contexte global de la stratégie contre-révolutionnaire des USA dans le

Tiers-monde, telle qu'elle se déploya au milieu des années soixante. Selon Jean-Philippe Peemans (1989, p. 23), le régime Mobutu était une variante africaine de cette stratégie mondiale, et c'est grâce à cet appui étranger que les groupes qui constituaient le régime avaient pu s'imposer aux autres factions de la classe politique qui luttaient pour le pouvoir depuis 1960.

Cette caractéristique est essentielle à noter si l'on veut comprendre la politique économique du régime et la logique d'intervention de l'Etat dans la sphère économique. Le régime avait pu consolider son assise économique à travers l'extension du contrôle de l'Etat sur les principales ressources d'exportation. Ce processus était facilité à la fois par le degré de concentration des ressources d'exportation héritée du régime colonial et par les rivalités existant entre intérêts occidentaux, tuteurs et partenaires du régime, quant au contrôle de ses ressources. Cela concernait évidemment avant tout l'extension du contrôle de la société minière par l'Etat, et la tentative d'imposer de nouvelles règles de partage aux anciens intérêts coloniaux. Cependant, après la nationalisation de l'Union minière en 1966, le régime congolais avait vite fait l'expérience de l'étroitesse de son autonomie d'action, et avait été amené à composer avec les intérêts des colonisateurs autant en ce qui concerne les problèmes de gestion que ceux de commercialisation de la GECAMINES[2]. Malgré tout, il avait pu améliorer sa situation de rentier dans ce contexte. Tout d'abord le Régime obtint de pouvoir garder au profit du Congo

---

[2] GECAMINES signifie Générale de Carrières des Mines.

(Zaïre à l'époque) les devises produites par l'exportation du cuivre qui antérieurement devaient être rapatriées en Belgique après paiement des simples taxes. En outre, il avait pu décider de l'utilisation des recettes notamment en augmentant le poids de la fiscalité sur la valeur ajoutée : en 1970, les taxes représentaient les deux tiers de la valeur ajoutée de la GECAMINES, et à travers ce phénomène, le poids relatif de la fiscalité indirecte avait doublé dans le PNB entre 1964 et 1970.

Le renforcement du contrôle sur les ressources tirées du secteur minier s'était accompagné d'une concentration du pouvoir d'utilisation de ces ressources, aux mains de la Présidence, dans le contexte d'une véritable mainmise de celle-ci sur toutes les décisions importantes d'investissement.

Globalement, entre 1969 et 1974, on peut donc dire que le régime zaïrois avait essayé simultanément de diversifier les structures de sa dépendance économique et de réduire le poids des anciens intérêts coloniaux. Il l'avait fait en offrant des conditions exceptionnelles aux investissements étrangers de grandes dimensions, et en s'efforçant d'établir des liens de coopération entre le secteur public et les sociétés multinationales.

Cependant, l'examen *a posteriori* des projets réalisés tend à montrer que le capital étranger ne prenait aucun risque, ne se souciait guère de l'efficacité de la réalisation, et veillait seulement à s'assurer la capacité de paiement, non pas du projet, mais bien de l'Etat qui donnait sa garantie (Vanderlinden et al., 1982, p. 220). Le capital étranger à travers les contrats clés en main, plus ou moins léonins selon les cas, se voyait exonéré de responsabilité quant à la contribution des projets à l'amorce d'un processus d'accumulation nationale. Le régime, à travers l'Etat, souhaitait certainement voir la base de l'accumulation interne s'élargir à travers les projets qu'il mettait en œuvre, puisque ces projets constituaient à la fois la base de son prestige et la source de revenus des groupes privilégiés qui lui étaient associés. Mais il n'avait aucun moyen d'assurer cette dynamique auto-entretenue. Et dès lors, pour assurer la continuité du flux technologique étranger, dont il était complètement dépendant, il n'avait d'autres moyens que de financer ces projets à travers les revenus transférés du secteur minier, dont il avait le contrôle politique de la rente tant que les cours mondiaux étaient favorables.

D'où l'importance extrême accordée à élargir la base d'exportation du secteur minier (extension des capacités de production), d'en assurer une infrastructure de contrôle (ligne Inga-Shaba), d'évacuation (voie nationale) ou de logistique (Inga II). D'où aussi la tentative de se transformer en exportateur d'énergie simplement à travers des projets gigantesques (Inga II) mettaient en valeur les gisements hydro-électriques, instruments pour renforcer l'extraversion délibérée de l'économie associant des sociétés multinationales intéressées à valoriser sur place des matières premières locales ou importées à l'Etat offreur d'énergie à bon marché (projet de zone franche à Inga) (Willame, 1986).

Les plus grands projets généralement très capitalistiques, qui étaient conçus et réalisés par des sociétés multinationales, dépendaient lourdement de la technologie importée, et après 1970, lorsque les recettes du cuivre avaient diminué, les financements onéreux accordés par des consortiums internationaux bancaires avaient augmenté. Alors l'endettement extérieur du Congo fit un bond spectaculaire en 1973-1974 (Callaghy, 1989, p. 61).

Ces grands projets capitalistiques permettaient à une couche sociale très étroite et proche du pouvoir d'acquérir une base économique forte, à travers la réalisation et la gestion de ces projets. La dimension technique et économique de ces projets était telle qu'ils ne pouvaient être réalisés que grâce à la concentration de la rente cuprifère et des ressources financières entre les mains de l'Etat. Par leur nature même, ils fondaient de nouvelles normes d'accumulation et de formation du revenu et constituaient la base du pouvoir économique et du statut social de la bourgeoisie d'Etat. Cependant, étant donné la nature politique du régime, cette bourgeoisie dépendait entièrement des aléas de ses rapports clientélistes à l'égard du pouvoir présidentiel, elle n'avait pas d'autonomie économique et dès lors consacrait l'essentiel des ressources qu'elle tirait du secteur public à des investissements spéculatifs dans les autres secteurs de l'économie (services, construction), où elle retrouvait des normes de comportements de la grande bourgeoisie et de la petite bourgeoisie commerçantes.

La bourgeoisie d'Etat avait donc une nature très hybride, et elle ne se distinguait pas radicalement des autres couches de la bourgeoisie en voie de formation. Ce phénomène fut renforcé par le fait que l'insertion dans la structure centralisée du pouvoir étatique lui permettait de commander, à son tour, des réseaux de clientèle et de redistribution discrétionnaire des ressources de l'Etat, dans lesquels ceux qu'elles privilégiaient étaient les mieux placés pour faire prospérer une base d'accumulation privée (Schatzberg, 1989, p. 80).

La concentration des revenus et de leur utilisation par les cercles proches du pouvoir introduisait ainsi une différenciation très nette entre les couches de l'ancienne petite bourgeoisie et comportait des risques politiques évidents. D'une part, le régime tolérait largement toutes les formes de corruption et d'exaction que les fonctionnaires civils et militaires pratiquaient pour compenser la baisse du pouvoir d'achat de leur traitement. D'autre part, le pouvoir intervenait administrativement par la législation sur les salaires et sur les prix des producteurs, freinant ainsi l'adaptation de ceux-ci à l'inflation.

Il s'ensuivait une redistribution du revenu favorable à la fois aux petites et moyennes entreprises urbaines et aux intermédiaires et commerçants de toutes sortes qui pouvaient bénéficier de toutes les pénuries et des décalages énormes entre le prix d'achat dans les régions rurales et le prix de vente sur les marchés urbains. L'économie zaïroise redécouvrait dramatiquement, dans les années 1980, qu'elle était encore davantage « sous tutelle » multilatérale de l'Occident qui l'obligeait à ramper à cause des contraintes multiples afin de bien profiter des ses richesses.

Il convient de noter que les prédateurs de cette économie de pillage étaient aussi bien internes (le chef de l'Etat Mobutu, son entourage tribal et quelques-uns de ses dignitaires) qu'externes (les bailleurs de fonds) qui connaissaient très bien les mécanismes permettant au dictateur de saigner à blanc notre pays. Plusieurs entreprises étrangères et plusieurs personnalités de relais ont participé activement au pillage au travers des divers projets mégalomaniaques dont les coûts étaient surestimés au profit du Chef de l'Etat, des ministres et des entrepreneurs. Ainsi, le régime dictatorial du Maréchal Mobutu avait pu contracter, de 1965 à 1989, une dette de 11,308 milliards de dollars.

La destruction du tissu économique pendant une très longue période a fragilisé l'économie nationale que d'autres cciminels économiques tentent de s'emparer au détriment des Congolais qui n'ont pas encore le sens des affaires.

3.2.1. Le vent du changement

Aussi, avec l'avènement de la « perestroïka » en 1989, la carte mondiale amorçait une nouvelle configuration et les incidences de cette restructuration n'avaient pas épargné notre pays. Pour s'adapter à l'évolution de la nouvelle donne politique internationale, le Président de la République initia de janvier à avril 1990 une « consultation populaire », une sorte de « référendum populaire » à travers lequel tout le pays devait se prononcer sur le fonctionnement des institutions politiques du pays. Le peuple devait dire au Président ce qu'il pensait des institutions politiques et ce qu'il voulait. Dans un dossier volumineux de plus de 5000 mémorandums reçus par le Bureau National de Consultation populaire, le peuple congolais exprima, sans ambages, son souhait pour la démocratisation pluraliste du pays. Ce fut l'unique et vrai dialogue entre le dictateur président et le Peuple depuis son avènement au pouvoir en 1965.

L'étude des mémorandums dont le compte rendu fut fait le 24 avril 1990 par le Président de la république lui-même aboutissait aux mesures suivantes : l'abolition de l'institutionnalisation du Parti Etat, la réhabilitation de trois pouvoirs traditionnels de tout Etat démocratique, l'adoption d'un multipartisme, le pluralisme syndical. Mais ce souhait du peuple ne correspondait en rien à un véritable esprit patriotique chez le dictateur, l'Etat demeura encore prisonnier d'une classe de prédateurs corrompus dont on ne parvenait pas à se libérer. Comme de l'argent et des biens, les barons tenaient à en amasser le plus possible au détriment du peuple, pour survivre à des périodes de disgrâce et pour reconquérir le pouvoir, la situation devenait de plus en plus confuse et inextricable.

En septembre 1991, la tension sociale atteignit son paroxysme au terme de tant d'années de privations imposées au peuple. Auparavant, la lutte contre la misère se caractérisait par la débrouillardise et plusieurs structures de solidarité, l'engouement pour l'activité commerciale, la recherche des pierres précieuses, la musique, l'exode vers l'Occident parrain du dictateur, les groupes de prières, etc. Cette fois-ci, le peuple décida de s'attaquer au régime et à ses dinosaures. Des scènes de pillages d'une violence extrême eurent lieu dans plusieurs villes du pays, et cela, à plusieurs reprises. Il s'agissait d'abord, pour le peuple, d'exprimer sa colère sociale et politique contre un pouvoir corrompu, arrogant et indifférent à sa misère généralisée.

A partir de 1992, la destruction économique fut très spectaculaire par le bradage de la monnaie. L'opération « Bindo », sous l'appât d'un système de prêt à des taux d'intérêt scandaleusement avantageux, tourna en une vaste escroquerie politique de petites économies, ce qui incita la population à d'autres pillages et à d'autres destructions.

La pénurie des signes monétaires se généralisa au cours de l'année 1992 avec, comme conséquence, la modification de la structure de la masse monétaire : la monnaie scripturale était devenue prépondérante (53% de la masse monétaire) dès 1992. C'est cette année même que le régime dictatorial se désengagea totalement de ses obligations financières vis-à-vis des travailleurs à la solde de l'Etat, dont les personnels de l'éducation. Pour sauver l'école des années blanches, l'Eglise proposa de faire appel aux ménages pour qu'ils participent à titre privé aux dépenses éducatives. La gabegie financière s'ajouta au gonflement exponentiel du déficit budgétaire au point que l'inflation atteignit pour la première fois quatre chiffres, soit 4 228 % (Ndaywel, 1998, p. 764). L'explosion des émissions monétaires ayant accompagné la réforme monétaire de 1993 avait porté le taux d'inflation à 9796,9 %, ce qui aggrava davantage la situation sociale. Comme on le voit, dans un tel contexte de détresse profonde, demander aux parents pauvres de contribuer directement aux salaires des enseignants et au financement de l'enseignement n'allait pas sans aggraver les décalages entre les familles et entre les provinces du pays en matière d'accès et de qualité d'enseignement et des enseignants.

Cependant, le pourrissement de la situation politique et économique eut pour effet de hâter la prise de conscience de la population, d'aiguiser son discernement et de l'amener à condamner globalement et définitivement le « régime de misère ». Et plus que jamais, le combat pour le changement était au programme. Le Zaïre de Mobutu ne tarda pas à sonner le glas et à basculer pour redevenir la République démocratique du Congo.

En effet, lorsque la guerre éclate en 1996 dans la partie est du pays, personne n'imaginait que l'on pouvait aussi facilement défaire une armée bien équipée qui avait servi pendant trois décennies de colonne vertébrale du despote. La plupart des militaires attendaient pourtant aussi le changement et ne se soucièrent plus de défendre un régime discrédité qui ne leur versait que rarement leur solde. Avec le soutien de la population, les troupes rebelles avaient renversé le régime en s'emparant de la capitale le 17 mai 1997.

Malheureusement le passage de la dictature à la mise en place d'un Etat démocratique a connu des ratés et seulement un an après, soit le 2 août 1998, un nouveau conflit armé a vu le jour entraînant une catastrophe humaine et environnementale. Si la première guerre n'avait duré que six mois et avait fait peu de victimes dans la population, la seconde guerre a été très meurtrière et a détruit tout ce qui restait du tissu socio-économique du pays. Tous les secteurs de la vie nationale ont été touchés et délabrés et appellent une reconstruction du pays.

3.2.2. Evolutions politiques et processus de paix

En janvier 2001, à la suite du meurtre du Président Laurent Désiré Kabila, les belligérants avaient accepté de revenir à la table des négociations. Le nouveau président s'était résolument engagé à restaurer la paix en mettant fin à la guerre, à reconstruire un Etat de droit, à résorber les déséquilibres macroéconomiques, à relancer la croissance et à faire face aux besoins urgents créés par les conflits armés. Cette volonté a reçu un écho favorable et une fenêtre d'opportunités lui a été ouverte par les partenaires. Ainsi, au terme des longues négociations entre les belligérants, un accord global et inclusif fut signé le 17 septembre 2002. Ce document définit la marche à suivre pour la réussite de la transition dont l'issue sera marquée par l'organisation des élections démocratiques. Le partage du pouvoir opéré lors de ces négociations a permis de mettre en place un gouvernement d'union nationale dont la répartition des responsabilités s'est effectuée au prorata du poids des composantes. La formation du gouvernement, la constitution de la chambre bicamérale, l'installation des institutions citoyennes et le premier jalon dans la restructuration de l'armée ont progressivement ouvert la voie à la réunification et à la pacification du pays. Ainsi, le 18 et 19 décembre 2005, fut organisé le référendum constitutionnel avec la participation de toute la population. Actuellement, le pays s'achemine non sans peine vers l'organisation des élections générales et démocratiques pour une vraie démocratie.

3.3. Education et formation en RDC

Depuis l'accession du pays à l'indépendance en 1960, le système éducatif a parcouru un long chemin marqué par les réformes audacieuses, notamment celles de 1961 et 1962. Celles-ci ont conduit à des réalisations significatives, particulièrement en ce qui concerne le développement quantitatif (établissements scolaires et effectifs) tant dans le secteur public que dans le secteur privé. Entre 1960 et 2000, le nombre d'écoles publiques a été multiplié par 5 dans le cycle primaire et secondaire et par 4 dans le cycle supérieur et universitaire.

L'enseignement privé a pris une telle ampleur qu'il représente aujourd'hui, en termes quantitatifs, le principal pourvoyeur des services d'éducation formelle dans certaines villes. Cependant, du point de vue de l'efficacité, le système est marqué par des taux de déperdition fort élevés. On observe, par ailleurs d'énormes disparités entre les provinces, entre les villes et la campagne et entre les sexes. Selon le Fonds des nations Unies pour l'Enfance (UNICEF, 2002), notre pays compte parmi les 25 pays répertoriés par les Nations Unies comme ayant les indicateurs de scolarisation les plus bas. Le taux de scolarisation est en dessous de 70 % alors que le nombre de filles scolarisées est de 10% inférieur à celui des garçons.

3.3.1. Evolution du système éducatif

La République Démocratique du Congo a hérité de la colonisation un système éducatif ayant une base assez large au niveau élémentaire sans enseignement secondaire et un enseignement universitaire embryonnaire. En effet, pendant plus de 60 ans, le système éducatif colonial, privilégiant « les préoccupations marchandes » se limitait à une initiation aux métiers qui transmettait des « informations et des consignes » préparant à l'occupation des simples emplois d'exécution. Il était exclu de promouvoir un enseignement qui favoriserait une attitude active et préparerait à des emplois de responsabilité, de conception et de commandement, un enseignement qui solliciterait le travail personnel et l'autonomie intellectuelle. Il fallait se limiter à un enseignement plus pratique, court et concentré dans les écoles de métiers dont le but était de préparer à des simples emplois d'exécution, selon le principe de Taylor. L'intention visée était uniquement de se doter d'une main-d'œuvre efficace, l'approche comportementaliste a servi de base pour créer des automatismes indispensables. Il ne s'agissait nullement de lutter contre l'analphabétisme, de favoriser l'éclosion des potentialités cognitives des citoyens congolais ou de promouvoir une société des connaissances. Au lendemain de l'indépendance, avec la fuite massive des colonisateurs, le pays se retrouva avec une masse d'exécutants « automatisés » sans personnel de conception ni de commandement capable d'assumer pertinemment de hautes responsabilités. Il fallait donc vite réformer l'école afin de doter le pays des cadres de conception et de commandement, mais aussi des employés divers. Nous pouvons subdiviser l'évolution de notre système éducatif d'après l'indépendance en quatre périodes.

3.3.2. La première période *(1960 à 1965)*

Cette période est caractérisée par la volonté de mettre rapidement en place un système éducatif répondant aux ambitions et aux besoins d'un nouvel Etat indépendant, en réplique à celui en vigueur à l'époque coloniale. L'effort a été porté sur la révision des *structures* et des *programmes* ainsi que sur l'augmentation des effectifs. Deux réformes ont marqué cette période : la réforme de l'enseignement secondaire de 1961 et celle de l'enseignement primaire de 1962. Il fallait reconsidérer et restructurer radicalement l'école coloniale pour passer des écoles de métiers à de vraies écoles primaires et secondaires de 6 ans chacune ouvrant les portes aux filles.

La réforme de l'enseignement secondaire a donné naissance à une structure plutôt promotionnelle avec un premier cycle dit « cycle d'orientation » conduisant soit vers « un cycle court », soit vers un « cycle long » comportant chacun une diversité de sections et d'options. L'un des objectifs de la réforme était d'offrir, à partir d'une structure qui subsiste encore, un accès équitable, au cours de premières années d'enseignement secondaire, à un programme de tronc commun qui consolide les acquis de base et prépare à une bonne orientation. Il s'agissait de rompre avec la sélection et l'orientation précoces qui caractérisaient le système colonial essentiellement « professionnaliste » afin de drainer le plus d'enfants possible vers les études secondaires et plus tard vers les études supérieures. Les programmes d'études ont été revus et, depuis lors, toutes les options du cycle secondaire long donnent accès à l'enseignement supérieur, contrairement à ce qui se passait à l'époque coloniale. Les programmes de l'enseignement secondaire visaient à consolider les aptitudes intellectuelles et psychologiques de l'enseignement primaire, mais surtout à poser des bases solides permettant de susciter l'intérêt sur le plan professionnel et de consolider la préparation en vue des études supérieures. Il convient de souligner que, par omission ou par ignorance, les réformateurs avaient raté d'opter pour une pédagogie nouvelle en tant que véritable critique des anciennes méthodes coloniales auxquelles nous adressons deux reproches corrélatifs : la part trop absolue donnée à la mémorisation au détriment du déploiement des habiletés cognitives supérieures, le primat de la rhétorique, de l'éloquence et du discours sur la réflexion, l'analyse des faits et la créativité. Ceci aurait davantage contribué au changement de contenus, de démarches et de performances, mais plus encore à une formidable transformation des modèles culturels de notre enseignement secondaire et supérieur. Ces limites sont liées à la politique coloniale mais surtout aux missionnaires dont la seule formation aux contenus purement littéraires. La mémorisation permet, comme pour le catéchisme, d'accumuler des informations factuelles (Viau, 2003) ; pour Weinstein et Meyer, (1991), la stratégie de mémorisation est plus utile aux élèves faibles qu'aux élèves possédant déjà les connaissances déclaratives nécessaires pour aller plus en profondeur dans la compréhension procédurale.

Cette nouvelle vision du programme ne pouvait survivre que dans une situation qui encourage également une nouvelle perception de l'enseignement. En effet, étant donné que les adolescents et les jeunes congolais faisaient désormais partie d'une communauté mondiale des jeunes qui devaient aller se former ici et là, il fallait harmoniser les niveaux pour que les études à l'étranger soient possibles. L'enseignement devait ainsi passer des cours essentiellement magistraux, de l'écoute plutôt passive des professeurs à l'association des enseignants et des élèves pour l'exploration et la recherche créative qui ouvre aux études supérieures. L'équilibre entre les méthodes passives et actives n'est pas facile à matérialiser, néanmoins la possibilité reste ouverte.

Pour le primaire, la réforme avait porté sur l'unification des structures et des programmes afin de mettre fin à la distinction jugée discriminatoire entre, d'une part, les écoles primaires dites « ordinaires » et les écoles primaires « sélectionnées », et d'autre part, entre les écoles de filles qui se limitaient aux « foyers d'apprentissage ménager » et les écoles professionnels pour les garçons. Le programme d'études avait aussi été revu et réorganisé pour permettre aux élèves de faire 6 années primaires préparant à l'enseignement secondaire. Autrement dit, l'enseignement primaire n'était pas à lui-même sa propre fin, voire un cycle colonial terminal, mais est devenu le premier cycle de tout un système éducatif. Il est sanctionné par un prestigieux diplôme qu'est le certificat d'études primaires, sa mission s'est complètement transformée : de tournée que l'école primaire était vers des métiers, elle est devenue un fondement pour les grandes opérations du secondaire. Seulement, on a raté de mettre vraiment en place les conditions d'une scolarisation réussie pour un plus grand nombre. Finalement, l'école secondaire et l'enseignement supérieur accueillent les élèves tels qu'ils sont et non pas tels qu'ils devraient être. Il se posait déjà un problème grave de l'efficacité de notre système éducatif.

Pendant cette période, l'enseignement supérieur et universitaire avait aussi connu une certaine expansion, notamment avec la création, à Kisangani (1961) de la troisième université (Université Libre du Congo) d'obédience protestante, et la création de plusieurs Instituts d'enseignement supérieur qui préparaient les enseignants du secondaire. En 1965 /66, on comptait déjà 5 Instituts Supérieurs Pédagogiques et 9 Instituts supérieurs techniques alors qu'il n'y avait qu'un seul Institut supérieur à l'époque coloniale réservé aux fils des colons.

3.3.3. La deuxième période *(1965 à 1975)*

La deuxième période est marquée par plusieurs initiatives audacieuses entreprises pour matérialiser la volonté de l'autorité politique du nouveau régime de « donner une priorité absolue à la recherche des solutions aux problèmes de l'éducation ». Nous pouvons notamment signaler l'institution, en 1967, d'un « examen d'Etat » sous forme des questions fermées sanctionnant la fin des études secondaires et l'abolition, en 1972, des examens « sélectifs » à la fin du primaire et du cycle d'orientation. A propos de l'examen d'Etat, on passait des questions ouvertes qui demandent aux élèves de « re-produire » une réponse aux questions fermées où l'élève doit faire un choix parmi un certain nombre d'alternatives proposées. Ces questions à choix multiple, utilisées pour la certification à la fin du secondaire, ont été choisies parce qu'elles prennent en compte d'importantes contraintes de temps de passation et de correction. Le temps de passation permet de poser un bon nombre de questions couvrant largement les compétences visées. En outre, la fidélité est bien contrôlée du fait de la standardisation des modalités de passation et de l'objectivité de la correction. Certains considèrent que les questions fermées ne permettent d'évaluer que les connaissances et non les capacités cognitives. En réalité, tous les niveaux de capacités cognitives peuvent être ou sont évaluées. Les possibilités offertes par les questions fermées sont plus larges, leurs limites sont celles de l'imagination de leur créateur. Mais ce que mesurent les questions fermées est déterminé plus par leur contenu que par leur format. Toutefois, il faut noter que, par leur nature, certaines capacités ne peuvent être mesurées par des questions fermées. Il est évident que les capacités dactylographiques d'un élève ne peuvent être évaluées qu'au travers d'un travail pratique de dactylographie. Ainsi pour apprécier les capacités de structuration et d'expression de la pensée des finalistes, il est organisé en dehors de la session d'examen, une épreuve au cours de laquelle les élèves doivent produire un texte écrit, une dissertation. Au fur et à mesure que les risques de suggestion ou du choix aléatoire augmentaient, le nombre de séries a évolué et la partie « pratique » de l'évaluation prend de l'ampleur. Cependant, il convient de signaler que dans un contexte de crise économique, de grandes disparités, de la pénurie des professeurs qualifiés dans certains milieux, du manque de supports didactiques et de l'absence des infrastructures d'accueil adéquates dans plusieurs écoles, il est fort inéquitable de soumettre tous les finalistes du secondaire à un même test. Il en découle qu'en plus du risque de suggestion et du choix au hasard, plusieurs élèves, dont l'apprentissage est inachevé ou mal structuré et qui sont dans l'impossibilité de produire des réponses correctes, recourent à d'autres artifices pour échapper à l'échec. Les adultes redoublent d'imagination pour faire de cette épreuve une opportunité pour rançonner les élèves insuffisamment préparés.

Cette période fut caractérisée par un accroissement sensible des effectifs et un effort financier remarquable de l'Etat, mais surtout par une forte emprise de l'Etat sur le système éducatif qu'il voulait contrôler totalement. C'est à partir de 1971 que l'Etat, estimant que le grand problème des sociétés post-coloniaux était le gouvernement de jeunes esprits, a accentué son emprise sur le système éducatif en attribuant une importance de premier plan à la politique scolaire. Le premier acte dans ce sens fut la « nationalisation » de toutes les universités et de tous les Instituts d'enseignement supérieur qui avaient été regroupés dans une superstructure dénommée « Université Nationale du Zaïre » (UNAZA). Au lieu de viser les institutions réduites pour valoriser les actes innovants, importants et marquants, compte tenu de notre culture organisationnelle embryonnaire, le régime a opté pour les travaux d'Hercule. Ce fut le début même de l'hécatombe de notre enseignement supérieur et universitaire. Le deuxième acte avait consisté à supprimer les réseaux confessionnels d'enseignement, l'abolition du cours de religion et son remplacement par celui de l'éducation civique et politique (1974). La nationalisation de toutes les écoles primaires et secondaires était survenue en 1974. Le troisième acte a été la décision, prise en 1974, de confier toutes les écoles maternelles au Parti Unique, à savoir le Mouvement Populaire de la Révolution, (MPR en sigle). A partir de ce moment, l'enseignement privé n'avait plus droit de cité dans le pays. Ces faits traduisaient la volonté exprimée par le Chef de l'Etat, en 1973, de « révolutionner » le système éducatif national. Il s'agissait d'affirmer l'autorité de l'Etat en matière de pédagogie, des contenus d'enseignement, d'évaluation, de certification et d'inspection d'Etat.

3.3.4. La troisième période *(1975 à 1990)*

La troisième période avait été marquée par la fin des initiatives du pouvoir pour « révolutionner » le système éducatif. Confronté à plusieurs autres contraintes, notamment en matière de capacité de gestion efficace et du financement de toutes les structures éducatives, l'Etat a décidé de confier la gestion des écoles désormais étatisées aux Eglises (en 1976 pour les Eglises catholique, protestante et kimbanguiste et, en 1979 à la communauté musulmane). En 1978, l'enseignement privé fut de nouveau autorisé pour les niveaux maternel, primaire et secondaire, mais l'enseignement supérieur demeurait encore le monopole de l'Etat. Mais à partir de 1989, le pouvoir a dû se résoudre à autoriser la création des établissements privés d'enseignement supérieur et universitaire. Chaque établissement d'enseignement supérieur et universitaire avait retrouvé son autonomie sans nécessairement gagner en efficacité.

Avant ce mouvement de privatisation, le gouvernement avait adopté la première loi-cadre de l'enseignement du pays, à savoir la loi-cadre n° 86/ 005 de l'enseignement national qui fut promulguée le 22 septembre 1986.

Aussi, dans ces années 80, pour finaliser les cycles d'études et introduire l'approche de la pédagogie par objectifs, le gouvernement avait initié, sans grand succès, une nouvelle réforme de l'enseignement primaire et secondaire dont la seule réalisation n'avait été que la suppression du cycle d'orientation. Celui-ci n'a jamais été une démarche éducative préparant davantage les élèves à faire des choix pertinents tout au long de la vie ; il s'agissait de ventiler les élèves par un exercice de concordance entre les évaluations et les études proposées. Plutôt que de consolider les acquis du primaire et de donner suffisamment d'informations sur les options et les débouchés, l'orientation était un système de procédures pour sélectionner les plus méritants.

3.3.5. La quatrième période (1990 à nos jours)

La quatrième période, qui va de 1990 à nos jours, est marquée par les fortes perturbations que le pays a connues dans tous les domaines, y compris dans le système éducatif. La conférence Nationale Souveraine a procédé à un diagnostic sévère du système éducatif et recommandé la tenue des Etats Généraux de l'Education.

Ceux-ci ont eu lieu en 1996 et ils avaient formulé des propositions pour un nouveau système éducatif consacrant notamment le partenariat dans un contexte de précarité. Mais la situation de guerre que le pays a connue par la suite n'a pas permis sa mise en œuvre. Toutefois, un plan de développement et un programme d'investissement ont été conçus sur base de ces recommandations, grâce à l'appui de certains partenaires. En 2000, le plan de développement et le programme d'investissement attendaient d'être formellement adoptés par le gouvernement, et l'on envisageait de soumettre ce programme à une réunion de bailleurs des fonds pour financement dès que les conditions le permettraient. Nous espérons qu'après les élections générales de 2006 et la constitution d'un gouvernement démocratiquement élu, ce programme trouvera plus d'écho. Comment résumer la réalité de notre système éducatif aujourd'hui ?

3.4. Situation actuelle de l'éducation en RDC

Le système éducatif congolais tel qu'il a été observé présente un visage dramatique. Trois défis sont majeurs : développer l'accès au plus grand nombre, améliorer et renforcer la qualité, l'efficacité interne et l'équité, augmenter le niveau des ressources publiques allouées à l'enseignement.

Le financement public a sensiblement baissé par rapport à ce qu'il était au cours des années 70. Par exemple, au titre des dépenses courantes, cette part est passée successivement de 6.2 % en 1987 à 2

% en 1991 et à 0.77% en 1996 au niveau des prévisions. Mais dans l'exécution, le secteur n'a reçu que 0.17% en 1987 et 0.073 % en 1996. Et pourtant les traitements et les indemnités des enseignants sont l'élément le plus important dans le coût de l'éducation puisqu'ils représentent les deux tiers, voire davantage, des dépenses publiques en éducation. Ces fléchissements économiques ont obligé les responsables à faire appel aux ménages pour participer aux dépenses éducatives. Ce financement du système éducatif devrait se répartir équitablement au profit de l'ensemble de la population congolaise en élargissant l'accès à l'éducation. Pourtant, outre que cette pratique a considérablement réduit les possibilités d'accès à l'éducation pour les enfants des familles pauvres (le coût moyen par élève à charge des parents s'élève à 79 dollars au primaire et à 205 dollars au secondaire), elle est aussi entachée de quelques anomalies. D'une part, le financement privé atteignant les 80% des dépenses éducatives, l'Etat en retire plus de 22 % pour le fonctionnement de ses propres services, en plus des frais dits « minerval » destinés au trésor public. D'autre part, les mécanismes adéquats de préparation et de contrôle budgétaire ne sont pas imposés aux chefs d'établissements afin de s'assurer de l'utilisation rationnelle et honnête de ce financement privé.

Pour mieux évaluer cet ensemble complexe du système éducatif congolais, nous pouvons épingler les facteurs suivants : la couverture, l'accessibilité au système, sa qualité, son efficacité et son équité.

3.4.1. Couverture par niveau et par province

Du point de vue de la couverture par niveau et par province, on a pu dénombrer en 2001-2002, 1201 écoles maternelles, 68710 élèves et 5804 enseignants. La distribution des écoles et des élèves par province se présentait laisse apparaître des disparités interprovinciales et la concentration de la plupart d'écoles maternelles à Kinshasa (61.1%).

Tableau 2 : Répartition des écoles maternelles par province

Provinces	Ecoles	%	Elèves	%
Kinshasa	734	61.1	40568	62.1
Bas-Congo	83	9.9	5070	7.8
Bandundu	29	2.4	1789	2.7
Equateur	9	.8	735	1.1
Province orientale	73	6.1	4222	6.5
Nord Kivu	66	5.5	1101	1.7
Sud Kivu	76	6.3	3839	5.9
Maniema	0	0	0	0
Katanga	48	4	2974	4.5
Kasaï oriental	61	5.1	4091	6.3
Kasaï occidental	22	1.8	906	1.4
Total du pays	1 201	100	65 295	100

Source : Direction de la Planification et des statistiques scolaires EPSP, 2002.

La même année, dans tout le pays, l'enseignement primaire compte seulement 19 319 écoles, 155 327 classes avec 158 523 enseignants. La population scolarisable de 6 à 11 ans était estimée à 9.070 708 enfants dont seulement 5.449 970 enfants étaient scolarisés. On le voit, 3 629 738 enfants n'étaient pas scolarisés en 2001-2002. Il se pose encore un problème d'élévation du taux de scolarisation dans notre pays dont la population de moins de 15 ans représente 48% de la population, alors que la bureaucratie (coordination, inspection, personnel administratif) représente un effectif pléthorique pour un travail insignifiant. Le taux de scolarisation ne cesse de reculer en milieu rural. Notre école doit reconquérir la crédibilité auprès des populations rurales de plus en plus sceptiques quant à ses bienfaits, car l'enthousiasme manifesté dans l'accueil de l'école a cédé place à la désillusion. Pourtant, il n'y a pas d'autres choix, l'école reste la clé de lutte contre la pauvreté et l'exclusion. Voici comment les données de la scolarisation se répartissent :

Tableau 3 : Répartition des écoles primaires et des élèves par province

Provinces	Ecoles	%	Elèves	%	Scolarisables
Kinshasa	2 089	10.8	663375	12.1	1 180 037
Bas-Congo	1426	7.4	445214	8.2	541 699
Bandundu	3600	18.6	796293	14.6	1 022 505
Equateur	1937	10.	407489	7.4	944 849
Province orient.	1753	9.1	497976	9.1	968 572
Nord Kivu	2094	10.8	635199	11.6	780 464
Sud Kivu	1.345	6.9	433535	7.9	670 437
Maniema	574	2.9	135056	2.5	216 928
Katanga	1715	8.8	532273	9.7	1 291 244
Kasaï oriental	1275	6.6	319722	5.8	833 861
Kasaï occidental	1511	7.8	592808	10.8	622 093
Total du pays	19319	100	5449970	100	9 070 708

Source : Direction de la planification et des statistiques scolaires de l'EPSP, 2002.

Il ressort de ce tableau une répartition inéquitable des écoles la province de Maniema est de loin la moins bien servie, alors que la province de Bandundu a deux fois plus d'écoles primaires que la plupart des provinces.

Pour l'enseignement secondaire, en 2001-2002, il y avait 8 257 écoles secondaires, 110 157 enseignants et 1 600 000 élèves dont 590 000 filles. Mais les enfants de 12 – 17 ans pouvant être scolarisés étaient estimés à 7 452 300 dont seulement 1 612 214 étudiaient. Comme les écoles primaires, les écoles secondaires existantes sont faiblement fréquentées et inégalement réparties sur le territoire national. La ville de Kinshasa a un nombre important d'écoles avec le nombre le plus élevé d'élèves, alors que la province de Bandundu a le plus grand nombre d'écoles mais un nombre d'élèves inférieur à celui de Kinshasa et supérieur à celui des autres provinces. Le Katanga qui a un nombre d'enfants scolarisable supérieur à celui de Kinshasa a peu d'écoles.

Par contre, l'Equateur, la province orientale et les deux Kasaï, qui sont moins bien pourvus, se situent tout de même au-delà de la province de Maniema qui a le nombre d'écoles le plus bas et la population scolarisable la plus réduite comme cela apparaît dans le tableau ci-dessous.

Tableau 4 : Répartition des écoles secondaires et des élèves par province

Provinces	Ecoles	%	Elèves	%	Scolarisables
Kinshasa	1219	14.8	357 791	22.2	1 010 476
Bas-Congo	753	9.1	154 918	9.6	460 498
Bandundu	2 275	27.6	349 521	21.7	869 811
Equateur	706	8.5	89 165	5.6	793 300
Province orient.	516	6.2	81 467	5.0	760 150
Nord Kivu	598	7.2	116 265	7.2	607 381
Sud Kivu	545	6.6	113 606	7.0	534 297
Maniema	220	2.7	30 466	2.0	168 821
Katanga	518	6.3	126 470	7.8	1 010 602
Kasai oriental	489	5.9	113 064	7.0	707 971
Kasai occidental	418	5.1	79 481	4.9	529 300
Total du pays	8 257	100	1612214	100	7 452 606

Source : Direction de la planification et des statistiques scolaires de l'EPSP, 2002.

Dans l'enseignement primaire, au niveau national, il y avait en 2001-2002, 57.2 % des garçons et 42.8% des filles. Si aucune province n'atteint la parité au niveau secondaire, la ville de Kinshasa s'y approche avec 48.9% des filles scolarisées.

Concernant le ratio élèves/enseignants au primaire, la moyenne nationale est de 34 élèves par enseignant, alors qu'au secondaire, la moyenne nationale est de 15 élèves par enseignant. Les élèves devraient normalement bénéficier d'un encadrement pédagogique très efficace, pourtant le taux d'achèvement et le taux de réussite aux examens d'Etat indiquent le que notre système éducatif souffre d'une grande inefficacité interne.

3.4.2. Difficulté d'accès et discriminations multiples

L'accès à l'éducation, dans notre pays, pose un sérieux problème en raison de facteurs tels que la capacité d'absorption des structures, leur éloignement par rapport à la clientèle et, surtout, le niveau de plus en plus élevé des frais scolaires exigés aux pauvres familles. La régression du taux brut de scolarisation au niveau primaire et secondaire est très sensible, par ailleurs beaucoup d'enfants restent dans l'enseignement plus longtemps que prévu. On s'aperçoit que les disparités sont nombreuses et croissantes quant aux chances d'accès, de maintien et de succès. Ces disparités existent entre les provinces, entre les sexes, entre la ville et la campagne, entre les âges, entre les catégories socio-économiques, entre l'enseignement secondaire général et l'enseignement secondaire technique et professionnel, etc.

L'inégalité de chances de formation entre le milieu rural et le milieu urbain est très préoccupante. En effet, en 1994/95, les taux nets de scolarisation sont de 15% en milieu rural et de 43% en milieu urbain ; les taux de rétention sont respectivement de 15% et de 60%. En d'autres termes, du seul fait de naître en milieu rural en RDC, un enfant a 1,5 fois plus de chance de ne pas aller à l'école, 2 fois plus de chance de ne pas être admis au cycle primaire s'il se porte candidat, et environ 2 fois plus de chance de ne pas terminer le cycle primaire. Ces écarts comptent au moins pour le double, s'agissant du cycle secondaire. Quant aux universités et instituts supérieurs, ils sont à plus de 95% localisés en milieu urbain ; l'exception est constituée des instituts de formation en agronomie, en foresterie, en zootechnie et en développement rural.

Entre les sexes, les inégalités sont plus ou moins prononcées, mais elles existent. Selon l'enquête de l'Unicef (2001), le taux d'alphabétisation est passé de 67.3 % en 1995 à 65.3% en 2001. Il est passé de 82.5% à 79.8% pour les garçons contre 54.1% à 51.9% pour les filles au cours de la même période. Par contre, les écarts en ville se maintiennent pour le cycle primaire, dans les limites de 2 à 10% sous tous les rapports (scolarisation, admission, rétention, etc.) ; cependant, en milieu rural, les écarts se creusent sensiblement pour se situer dans les limites de 30 à 60%. Au secondaire, par contre, les écarts doivent sensiblement s'élargir au détriment des filles, surtout à l'approche de l'âge moyen de nuptialité pour les filles (16 -17 ans).

D'après les données de la direction de planification de l'enseignement supérieur et universitaire, le taux de participation des filles au niveau supérieur a évolué en dents de scie avec une légère tendance à la hausse, soit 39,9% en 1998/1999, 41.1% en 1999/2000, 40.4% en 2000/2001, 39.6% en 2001/2002 et 462% en 2002/2003. La moyenne est ainsi de 39.1%. Les paramètres constituant la toile de fond des évolutions n'ayant pas changé, les mêmes inégalités entre les sexes doivent être encore plus accentuées en milieu rural.

Les droits d'inscription auxquels s'ajoutent d'autres dépenses comme la location ou l'achat de livres et d'uniforme, le paiement des transports sont l'une des raisons principales de la non scolarisation de plusieurs enfants. La faiblesse du taux de scolarité est en partie due au coût direct de l'éducation, car les frais de scolarité sont élevés alors que les revenus des parents sont faibles, sinon nuls.

Le bilan qui se dégage est que, malgré quelques efforts, les problèmes de la quantité et de la qualité restent graves et la situation est inquiétante. Quantitativement, tout est à faire pour que chaque enfant congolais puisse bien étudier, il y a encore plusieurs millions d'enfants qui ne vont pas à l'école. Mais il ne suffit pas d'aller à l'école, mieux vaudrait ne pas aller à l'école que d'aller à l'école où l'on n'apprend point sinon pour contempler les conditions frustrantes des infrastructures. L'école doit favoriser les apprentissages de ce qu'elle est sensée transmettre. La qualité de notre système éducatif demeure très insuffisante. Or, parmi les axes majeurs du cadre stratégique de lutte contre la pauvreté et le sous-développement, l'éducation efficiente est concernée en tant qu'instance de production du capital humain fiable pouvant contribuer au développement du pays. L'importance d'une élévation générale du niveau des connaissances pour le bon fonctionnement et la croissance de l'économie est confirmée, une meilleure efficacité dans l'acquisition et l'utilisation des connaissances conduirait à un cadre institutionnel favorable. Pour notre pays, un premier enjeu est de faciliter l'accès aux connaissances disponibles. Il faut pour cela disposer non seulement d'infrastructures performantes mais aussi d'un personnel suffisamment instruit et efficace pour créer un environnement plus réceptif. Le luxe va rarement sans les sciences et les arts et jamais ils ne vont sans lui » déclarait Jean-Jacques Rousseau, en 1750, dans son « Discours sur les sciences et les arts ». Les nouvelles théories de la croissance mettent en avant l'importance de l'accumulation du savoir et du capital humain pour privilégier une véritable croissance endogène, dans la mesure où le niveau d'instruction de la population traduit son aptitude à utiliser les connaissances et à en produire de nouvelles.

Il faut donc construire un socle sur lequel toutes les stratégies d'amélioration quantitative et qualitative doivent s'appliquer pour arrêter la sous-scolarisation, la déperdition abondante du petit nombre de ceux qui sont scolarisés et engager le système dans une perspective d'efficacité. Ceci implique l'augmentation du nombre d'écoles et des classes, la répartition rationnelle des ressources humaines disponibles entre zones rurales et urbaines, l'équipement des écoles en matériels didactiques adéquats et l'amélioration des conditions de travail et des conditions salariales, la formation de perfectionnement des enseignants et donc la création d'un environnement professionnel adéquat et efficace. Il s'agit de garantir la qualité de l'enseignement et du niveau de connaissance réel des élèves. Il est vrai que les traitements et indemnités versés aux enseignants constituent la composante essentielle du budget du ministère de l'éducation. S'engager à lutter contre la sous-scolarisation et contre l'inefficacité du système éducatif implique d'augmenter les charges budgétaires de l'Etat dont les ressources nationales ne peuvent guère couvrir toutes les dépenses. Faut-il remettre en question le principe d'un enseignement essentiellement financé et géré par l'Etat ? Serait-il réaliste de transférer la responsabilité du financement de l'enseignement à la société civile, dans un pays si pauvre ? C'est l'option des organismes internationaux, mais une gestion rigoureuse des ressources nationales, des entreprises publiques peut permettre à l'Etat de relever le défi s'il fait de la lutte contre la corruption son cheval de bataille. Dans la section suivante, nous présentons le contexte immédiat de notre recherche.

La ville de Kinshasa

La ville de Kinshasa est une entité administrative à statut de province qui joue le rôle de Capitale politique, économique et culturelle du pays. Comptant approximativement six millions d'habitants, Kinshasa est la deuxième ville la plus peuplée d'Afrique subsaharienne, après Lagos au Nigeria. C'est aussi la deuxième ville francophone après Paris. Cette mégapole est donc plus peuplée que la moitié des pays africains (Trefon, 2004, p. 20).

Comme pour beaucoup de villes africaines, la morphologie urbanistique de Kinshasa est un legs des urbanistes coloniaux. Il y a l'ancienne « ville blanche » comprenant les communes de Gombe, Limete, Ngaliema et Binza. C'est le district commercial et administratif, où résident encore les expatriés blancs. Toutes les ambassades, les industries, les grands commerces s'y concentrent encore fortement. Ensuite, il y a les anciennes « cités africaines » (Barumbu, Kinshasa, Kintambo, Lingwala, Kasa-vubu, Ngiri-Ngiri, Bandalungwa, Kalamu, Lemba, Matete et Ndjili) qui étaient des quartiers urbanisés pendant la colonisation et qui furent occupés tout de suite après l'indépendance, alors que les nouveaux citadins recherchaient frénétiquement une parcelle. Enfin, les pôles de développement les plus récents sont des zones d'extension anarchique de la périphérie sud et est, urbanisée sans planification et dépourvue d'infrastructures de type urbain. A l'image du pays, malgré la forte concentration de l'activité économique, industrielle et des services, Kinshasa est une ville sinistrée où s'entassent des masses des désoeuvrés et des fonctionnaires précaires (Shomba, 2004, p. 54). Le fait qu'une masse importante d'argent y circule essentiellement, la guerre destructrice et la pauvreté des campagnes incitent sans cesse des quantités de jeunes à l'exode vers Kinshasa.

En plus des fonctions administratives, politiques et économiques, Kinshasa est aussi la grande ville culturelle, dont le rôle se remarque par le développement de la fonction enseignante et du taux de scolarisation. En effet, 80% du personnel académique de l'enseignement supérieur et universitaire de la RDC se trouvent à

Kinshasa, parce que le système universitaire congolais est d'abord lié à la ville de Kinshasa. On trouve dans la ville plus de 30 Instituts supérieurs et plus de 10 universités. Cette localisation massive des universités et instituts supérieurs à Kinshasa a une certaine rationalité liée à la proximité des ressources en formateurs, mais devient de plus en plus une des causes de l'exode rural. Les étudiants provenant des campagnes ne retournent plus après leurs études, travaillent à Kinshasa (Matangila, 2004, p. 56) ou préfèrent y chômer.

Cependant, beaucoup de jeunes diplômés qui s'installent en ville sont contraints à chercher les voies de survie. Les possibilités d'insertion dans le monde du travail sont rares, cette situation est redevable à la nature structurelle de l'économie congolaise qui n'a pas la capacité d'absorber toutes les nouvelles forces de travail que forment les universités. Dans ce cas, l'enseignement comme réceptacle des diplômés universitaires est envisagé par certains comme une solution hypothétiquement transitoire. Et dans la mesure où l'école catholique offre, non seulement une bonne prime, mais aussi un cadre adéquat de travail, alors que le marché privé reste bouché, elle attire bien des candidats diplômés.

De façon générale, si la ville attire les produits de l'enseignement supérieur et universitaire, la ville de Kinshasa exerce sur eux un attrait plus encore en tant que lieu privilégié d'éclosion et d'épanouissement du jeune congolais aujourd'hui. Point de convergence de la bourgeoisie du diplôme, elle représente une scène où défilent les éléments les plus méritants ou chanceux du système, dont elle assure la consécration officielle sur l'écran, en même temps qu'elle est constituée en lieu privilégié de recrutement politique.

3.6. L'enseignement à Kinshasa

Comme partout dans le pays, l'enseignement à Kinshasa a été à ses débuts l'œuvre des missionnaires. L'enseignement était resté longtemps encore un monopole exclusif des églises missionnaires et principalement des catholiques. Mais le gouvernement congolais, estimant que la formation de la jeunesse ne devait pas être laissée à la seule compétence des institutions privées, avait étatisé l'enseignement en 1974.

Après la signature de l'accord de rétrocession des écoles étatisées aux confessions religieuses, il est devenu courant de parler des écoles conventionnées catholiques, protestantes, etc. qui sont désormais des écoles publiques dont la gestion a été confiée aux différentes Eglises du pays. Cette gestion porte sur le fonctionnement, la gestion du personnel et sur la gestion financière et pédagogique. Il convient de signaler ici que l'ordonnance n° 78-096 du 2 mars 1978 portant règlement d'administration relatif au personnel enseignant relevant du Département de l'enseignement primaire et secondaire postule, dès le 1er article, que le personnel enseignant est soumis aux dispositions générales du « Statut du personnel de carrière des services publics de l'Etat ». Pour fixer le statut pécuniaire du personnel enseignant, la même ordonnance recourt à un système d'équivalence en établissant des correspondances entre les grades et les fonctions du personnel de la Fonction publique et les grades et les fonctions dans l'Education nationale. Ainsi donc, l'Etat, par le truchement du Ministère de l'Education nationale, fournit les finances pour le paiement du personnel, les frais de fonctionnement, d'entretien, de renouvellement des équipements, etc. C'est aussi l'Etat qui supervise les évaluations finales et octroient les diplômes.

L'intégration au système d'enseignement public ne signifiait pas la disparition du label scolaire catholique, mais inaugurait une nouvelle trajectoire dans le système éducatif national. Le réseau catholique est constitué des écoles gérées aussi bien par des laïcs, le clergé diocésain que par les religieux et religieuses.

En 2004, on comptait dans la ville de Kinshasa 220 écoles primaires catholiques, 14 écoles spécialisées et 94 écoles secondaires sur un total de 2089 écoles primaires et 1219 écoles secondaires dans la ville de kinshasa.

Aussi, le taux de scolarisation est beaucoup plus élevé à Kinshasa que dans les régions de l'intérieur du fait de la forte concentration de la population, mais aussi du fait que les meilleurs établissements scolaires, les universités, la majorité des fonctionnaires et des travailleurs du secteur moderne et même les enseignants qualifiés y sont concentrés. La ville de Kinshasa exerce une attraction irrésistible sur la population scolarisée qui espère s'y épanouir plus facilement. Cette scolarisation bénéficie particulièrement aux jeunes filles, dont le niveau scolaire s'accroît et qui aspirent ainsi à des tâches plus valorisantes que les seules activités domestiques.

En outre, ce qui fait la particularité des écoles conventionnées catholiques, c'est une organisation forte, un bon leadership et le souci de faire apprendre ce que les programmes prévoient. Plusieurs écoles donc se caractérisent par la qualité de l'organisation et de l'environnement éducatif et par la disponibilité des matériels, ce qui naturellement attire nombre de professeurs qualifiés. Cependant, ce qui peut constituer la force de ces écoles pose aussi un problème d'équité, dès lors que l'on aborde la question du financement de l'éducation. Du coup, certaines écoles catholiques apparaissent comme poussant à l'excès la « sélection par la fortune », et donc faisant payer cher à tous les parents, malgré la pauvreté généralisée. Si quelques congrégations fortunées s'efforcent de suppléer aux difficultés financières des parents, beaucoup d'autres écoles font effectivement payer cher, c'est-à-dire annuellement entre 200 et 270 dollars américains par élève au niveau secondaire.

Ceci est d'autant vrai que déjà le 31 mars 2004, les coordinateurs provinciaux, diocésains et les conseillers résidents des écoles conventionnées catholiques des provinces de Katanga et de deux Kasaï avaient exigé du pouvoir organisateur de l'enseignement en RDC, à savoir l'Etat, la suppression du système de prise en charge des enseignants par les parents. Le 5 mai 2004, le coordinateur national des écoles conventionnées catholiques affirmait dans une interview que le réseau, dont il préside à la destinée, est montré du doigt sur cette question : l'école catholique, surtout en milieu urbain, est accusée de faire payer cher la scolarité des enfants des familles pauvres. C'est ainsi qu'au terme de leur assemblée plénière, le 3 juillet 2004, les Evêques catholiques de la RDC avaient adressé au Ministre de l'enseignement primaire, secondaire et professionnel un mémorandum dans lequel ils annonçaient leur décision de mettre fin au système des contributions des parents pour la prime aux enseignants dans les écoles conventionnées catholiques à partir du 31 décembre 2004. Les évêques appelaient ainsi le gouvernement à assumer ses responsabilités en payant aux enseignants un salaire décent, équitable et régulier. On le voit, une crise scolaire dont on n'entrevoit pas encore l'issue est désormais inscrite au cœur de la dynamique de l'école, elle détermine les grands affrontements qui ponctuent la vie dans les écoles.

3.7. Profil des professeurs de l'enseignement secondaire

Selon la circulaire EDN/PS833/570 du 1er avril 1972 du Ministre de l'Education nationale congolaise, les qualifications requises des professeurs pour l'enseignement secondaire sont les suivantes :

Tableau 5 : Répartition des qualifications des professeurs du secondaire

Niveaux d'études	Qualifications des professeurs
1ère & 2è secondaire et Cycle court	Gradués
3è & 4è secondaire	Gradués et licenciés
5è & 6è secondaire	Licenciés

Source : Ministère de l'éducation, Recueil des directives et instructions officielles, Kinshasa, ELISCO, 1998, p. 108.

En effet, au lendemain de l'indépendance du Congo, après la réforme du système éducatif et la mise sur pied de l'enseignement secondaire complet, il se posa avec acuité la question des professeurs devant prendre les classes secondaires en charge, et subsidiairement, le problème de leur préparation. Quatre formules furent simultanément envisagées. On importa la formule belge « d'agrégation de l'enseignement moyen du degré supérieur » pour former des professeurs des classes supérieures du secondaire. Les étudiants universitaires en licence, toutes spécialités confondues, pouvaient suivre des cours de pédagogie, de psychologie, de méthodologie, etc. avec quelques heures consacrées à la pratique d'enseignement. Ce programme s'étendait sur un ou deux ans. Cette formule subsiste encore malgré les critiques quant aux conditions de préparation de cette agrégation qui ressemble plus à un simulacre qu'à une efficace formation en didactique, en pédagogie et en psychologie. Aujourd'hui

La seconde formule fut celle d'introduire, à côté des universités, un système d'enseignement supérieur normal : (a) les écoles normales moyennes formèrent en trois ans des « gradués en enseignement » pour les classes inférieures des humanités et (b) les écoles normales supérieures formèrent, en deux ans, des « agrégés en enseignement » pour les classes supérieures des humanités secondaires (Lumeka, 1985, p. 172).

Depuis la réforme universitaire de 1971 qui unifiait la structure de l'enseignement supérieur et universitaire, les écoles moyennes et supérieures, créées pour former les professeurs du secondaire, étaient devenues des Instituts supérieurs pédagogiques (ISP) avec deux cycles : le premier cycle ou *gradua*t correspond à l'ancienne école normale et dure trois années ; le second cycle ou *licence* correspond à l'ancienne école normale supérieure et dure deux années. C'est la formule récemment adoptée par la charte européenne de Bologne de : 3 années (baccalauréat) + 2 années (Master). Ici au moins, l'enseignement supérieur et universitaire congolais avait eu de l'avance quant au nombre d'années d'études.

Les professeurs doivent non seulement maîtriser la ou les disciplines qu'ils enseignent et leurs didactiques, mais encore connaître les processus d'acquisition des connaissances, les méthodes de travail en groupe, les méthodes d'évaluation, le système éducatif et son environnement. Dans les programmes de formation des instituts supérieurs pédagogiques et de la faculté de psychologie et des sciences de l'éducation, sept compétences spécifiques regroupées en quatre pôles sont définies : la gestion des enseignements et des situations d'apprentissage, la gestion de la relation éducative, le devenir des élèves, la responsabilité collective des professeurs et leur participation au fonctionnement de l'établissement. Ainsi, pour aider à fixer les idées, nous donnons le plan d'études des ISP en le découpant en : (A) branches de spécialité, (B) culture générale, (C) activités de recherche scientifique appliquée à l'enseignement et (D) branches de formation psychopédagogique et stage.

Ces compétences devraient efficacement s'opérer dans une dynamique d'articulation graduelle entre connaissances théoriques et connaissances pratiques, entre savoirs académiques et savoirs à enseigner, et entre savoirs suffisamment intégrés, savoir-faire efficace et savoir-être. Il semble que les futurs enseignants s'approprient faiblement toutes ces compétences.

Le tableau ci-dessous donne une vue du programme des Instituts Supérieurs Pédagogiques et permet de se faire une idée de la structure en place.

Tableau 6 : Plan schématique des études des ISP

ANNEE D'ETUDES	GROUPES BRANCHES	Nombre d'heures en %	HEURES CUMULEES
1er Graduat	A	70.0	70.0
	B	8.0	78.0
	C	2.0	80.0
	D	20.0	100.0
2è Graduat	A	60.0	60.0
	B	5.0	65.0
	C	5.0	70.0
	D	30.0	100.0
3è Graduat	A	3.0	30.0
	B	-	30.0
	C	20.0	50.0
	D	50.0	100.0
1ère Licence	A	65.0	65.0
	B	5.0	70.0
	C	10.0	90.0
	D	20.0	100.0
2è Licence	A	50.0	50.0
	B	-	50.0
	C	20.0	70.0
	D	30.0	100.0

Source : Lumeka, L.Y., L'auto-perception des enseignants au Zaïre, Kinshasa, Eca, 1985, p.174.

On postule que l'action de l'enseignant doit reposer sur une très forte compétence : d'une part, quant aux contenus qu'il doit enseigner et d'autre part, quant aux ressources dont il doit disposer pour mieux comprendre ce qui se passe dans sa classe, planifier, décider et agir en conséquence. L'enseignant doit être à l'aise dans sa classe, car maîtriser son domaine est capital, son objectif devant être de convertir les expériences des élèves en connaissances. Il doit bien connaître sa matière afin de la transmettre avec compétence et autorité tout en restant attentif aux besoins et aux capacités des élèves. Comme on le voit, les professeurs de l'enseignement secondaire constituent une part non négligeable de la population active nationale, et en même temps, ils sont parmi les travailleurs les plus instruits. En effet, une meilleure formation de l'équipe enseignante constitue un facteur important pour la qualité et l'efficacité de l'enseignement, même s'il faut aussi prendre en considération le système organisationnel et le climat de travail.

3.8. Conclusion partielle

Une carence institutionnelle, une économie en état de délabrement, une société en état de léthargie et de pauvreté généralisée et une école plutôt inefficace sont désormais les principales caractéristiques d'un pays qui sort à peine de seize années de crise et de guerres, et tente de se reconstruire. A l'issue de cet examen portant sur le contexte général de travail des professeurs, force est de constater quatre lourds handicaps de la RDC actuelle.

Au plan institutionnel, le pays sorti de la transition en porte encore les séquelles. L'installation des institutions démocratiquement élues constitue une étape importante dans le processus de refondation de la République démocratique du Congo, les Congolais entretiennent encore les tares engendrées par la dictature. En effet, un régime autocratique a comme conséquence l'attitude négative face au travail, un taux élevé d'agressivité, l'hypocrisie dans le rapport à l'autorité, la corruption et la confusion entre le bien public et celui privé, la paresse et la passivité qui ne favorisent pas un vrai développement. Dans le contexte actuel, les autorités politiques doivent savoir que ces tares existent et faire preuve de plus de réalisme, d'ambition et de courage politiques pour mobiliser le financement requis pour la reconstruction post-conflit et pour une reprise durable de l'économie formelle afin d'atténuer les effets de la pauvreté ambiante.

Au plan socio-économique, l'état de délabrement avancé de notre économie ainsi que l'urgence et l'immensité des attentes légitimes de la population en matière d'éducation, de santé, d'emploi, etc. rendent incontournables l'aide étrangère et la lutte contre la corruption et les détournements de deniers publics. Il ne sert à rien de s'endetter auprès des institutions dont l'objectif est de paupériser davantage les pays pauvres en faisant le maximum de profit. Il faut rechercher l'aide qui permet de se développer plutôt que de stagner, dans ce cas, la meilleure aide ne viendra que du dynamisme et du l'entrepreneuriat congolais. Dans son budget de 2004, les dépenses en personnel ont été revues à la hausse, et le ministre du budget expliquait que c'était en vue de l'augmentation de 20% des salaires du personnel de l'administration publique et du corps enseignant du niveau supérieur et universitaire, et de 30% pour le personnel enseignant du primaire et du secondaire (Journal officiel, Loi n° 04/003 du 31 mars 2004 portant sur le budget de 2004, pp. 1-8). Mais il n'y a pas d'indication ni sur le nombre ni sur la répartition de ce personnel de la fonction publique. Aujourd'hui, la volonté d'améliorer les conditions de vie et de travail est perceptible, même s'il faut encore beaucoup de temps et de créativité pour résorber tous les effets de la précarité ccumulée.

Au plan social, la situation demeure caractérisée par une crise sociale aiguë et la détérioration de l'environnement éducatif. La frustration et les sacrifices imposés exacerbent les syndicats. Au plan scolaire, les indicateurs clés du système sont très dégradés (Ekwa, 2002, pp. 184-185 ; Matangila, 2004, p. 28). L'école délabrée peine à atteindre ses objectifs fondamentaux. On assiste à un véritable gaspillage des ressources humaines et de l'intelligence.

A ces données, il convient d'ajouter le climat psychologique de forte angoisse que traverse le pays : comme dans toutes les phases de transition, les interrogations sur l'avenir et les attentes sont mêlées de perceptions diverses. Aussi, malgré la situation précaire générée par le bas salaire dans l'enseignement, des structures bureaucratiques inefficaces alourdissent le climat de corruption. A la situation d'austérité qui s'était durablement installée et qui se traduit encore par la détérioration de la qualité des services publics, le gouvernement doit apporter des solutions audacieuses, malgré la maudicité de ses moyens financiers.

En prenant la satisfaction professionnelle comme indice de bien-être au travail, nous voulons cerner l'impact de l'environnement institutionnel et socio-économique du travail sur le vécu du professeur congolais. Notre étude se veut aussi un plaidoyer pour les psychologues de l'éducation souvent absents dans les débats qui secouent notre système éducatif pour y juguler les différents malaises.

Après avoir décrit le contexte de l'école en RDC, nous sommes maintenant en mesure de présenter notre cadre méthodologique dans ses différentes phases d'élaboration et d'application. Ensuite, nous nous interrogerons de façon descriptive sur le profil individuel, avant de dégager les indices du vécu professionnel des professeurs enquêtés.

CHAPITRE IV

METHODOLOGIE DU TRAVAIL

Nous venons de présenter à grand trait le contexte national et immédiat de notre étude. Dans ce chapitre, nous esquissons la méthodologie de notre recherche. Nous y indiquons les démarches préalables qui ont guidé l'élaboration de l'instrument d'investigation, le choix des participants et les modalités de réalisation des enquêtes. En effet, notre recherche proprement dite a été précédée par les phases suivantes : a) choix du thème de recherche ; b) état des connaissances pour construire la problématique ; c) des hypothèses ; d) la population cible ; e) l'ensemble de situations appropriées au recueil des observations. Dans un deuxième temps, nous discuterons des résultats obtenus après le traitement statistique.

Dans ce travail de procédure, nous indiquerons les différentes phases du déroulement de notre enquête de terrain : la première phase où nous avons dû préciser la thématique, les hypothèses, le cahier des charges (objet d'enquête, population cible, indicateurs de satisfaction, technique de recueil d'informations) et la technique d'enquête. L'enquête de terrain a pour objectif de collecter les données qui permettront de vérifier si les dimensions classées sont pertinentes. S'agissant d'évaluer le degré de satisfaction professionnelle des professeurs, il importe que ce que nous entendons être les éléments de chaque dimension du travail enseignant soient également perçus comme tels par les professeurs interrogés. Il est donc impératif de trouver une convergence entre notre classification et les perceptions des professeurs.

Pour y arriver, selon les exigences de notre université, nous avons d'abord élaboré un projet de recherche dans lequel nous avons précisé notre sujet (étude du degré de satisfaction des enseignants de Kinshasa), notre cadre de référence (la théorie bi-factorielle de Herzberg et la théorie de la divergence de Locke) qui permet d'étudier la satisfaction au travail à partir des caractéristiques de l'emploi. Ensuite, nous avons fixé nos objectifs et formuler nos hypothèses en en dégageant les variables. Enfin, après avoir eu connaissance de divers instruments de mesure de la satisfaction au travail, des pays occidentaux, nous avons jugé bon d'élaborer un questionnaire d'enquête plus en harmonie avec notre réalité.

4.1. Objectifs de la recherche

La pratique de l'enquête suppose une véritable volonté de mettre en place des engagements, de lancer des chantiers d'amélioration. Une telle démarche qui vise le passage des résultats à l'action doit être définie et ciblée.

Les enseignants apparaissent souvent dans l'opinion publique comme un « corps unifié », même si des différences institutionnelles et professionnelles sont reconnues entre les instituteurs et les professeurs. Nombreux sont donc les stéréotypes associés aux enseignants en général qui renforcent cette image d'homogénéité.

Qu'en est-il des professeurs de l'enseignement secondaire du réseau catholique de Kinshasa ?

Notre premier objectif est de ressortir une représentation exacte des principales caractéristiques sociologiques du groupe professionnel cible. Pour ce faire, nous avons prévu dans notre questionnaire une première partie qui concerne les principales dimensions constitutives de la morphologie sociale des professeurs de l'enseignement secondaire catholique de Kinshasa (genre, âge, niveau de formation, origine sociale, trajectoire scolaire, situation matrimoniale, ancienneté, etc.). Les données nous permettront de réaliser une radioscopie sociographique du corps professoral. Cette description permettra aussi de faire le point sur les processus qui affectent la constitution et l'évolution du corps professoral à Kinshasa.

Notre second objectif est de déceler les perceptions que les professeurs ont de différents aspects de leur métier et ainsi de mettre en lumière l'influence des conditions d'exercice du métier sur l'attitude des professeurs dans leur travail.

Le troisième objectif consiste à évaluer l'état affectif global résultant de la « concordance » ou mieux de « l'interaction » entre ce que les professeurs s'attendent de recevoir de leur travail et l'évaluation de ce qu'ils reçoivent effectivement.

Notre recherche veut comprendre si les caractéristiques personnelles ont une influence sur la satisfaction professionnelle, si les caractéristiques de l'emploi ont une relation avec la satisfaction au travail et si l'on peut évaluer le niveau de satisfaction globale au travail. Il s'agit en somme d'examiner le poids respectif des caractéristiques personnelles et des caractéristiques socio-professionnelles du travail enseignant dans la prédiction de la satisfaction professionnelle des professeurs.

4.2. Questions de recherche

Quelles sont d'abord les caractéristiques personnelles des professeurs enquêtés de Kinshasa ? Comment perçoivent-ils les caractéristiques de leur emploi ? Quelles caractéristiques individuelles ont un effet sur la satisfaction au travail ? Quelles caractéristiques du travail ont un impact marqué sur la satisfaction professionnelle ? Quel est le niveau de satisfaction globale ? Quel indicateur la détermine au mieux ? Les caractéristiques personnelles influencent-elles cette satisfaction globale ?

Notre recherche structure ces diverses questions en trois temps : tout d'abord nous nous interrogerons de façon descriptive sur la condition enseignante aujourd'hui, ensuite nous aborderons plusieurs questions relatives à la perception des caractéristiques du travail des enseignants et enfin nous dégagerons d'abord le degré de satisfaction globale et les facteurs qui la rendent possible avant d'examiner l'influence des caractéristiques personnelles dans la satisfaction globale des professeurs.

4.3. Hypothèses de recherche

Nous retenons ici que les perceptions du travail d'enseignants sont fondées sur les caractéristiques objectives du travail. Ces perceptions des caractéristiques du travail reflètent les conditions de travail des enseignants et conditionnent les réactions affectives des professeurs.

Nous pouvons ainsi postuler qu'il est possible d'agir sur les caractéristiques du travail des enseignants de façon à modifier les réactions affectives ; cette modification devant influer à son tour sur les résultats éducatifs. Les attitudes des enseignants congolais procèdent de leur appréciation de la situation de travail.

Plusieurs autres études ont montré l'existence d'une relation positive dans le sens d'une corrélation positive entre la perception des caractéristiques du travail et la satisfaction au travail. Herzberg (1956) considère que grâce à l'enrichissement du travail, il est possible d'accroître la satisfaction intrinsèque de la totalité des travailleurs. Hackman et Lawler (1971) et Hackman et Oldham (1975) considèrent que l'enrichissement au travail n'a pas un effet uniforme sur les individus et postulent que les effets de la restructuration du travail dépendent de variables modératrices individuelles ou sociales. On passe ainsi du modèle statique dans lequel les caractéristiques du travail déterminent la satisfaction et la motivation à un modèle dynamique de la relation individu / emploi prenant en compte le fonctionnement psychologique d la personne au travail. Pour Mottay (1999), les caractéristiques agissent sur la satisfaction au travail. Pour ces auteurs, les caractéristiques du travail conditionnent les états psychologiques critiques qui déterminent à leur tour la satisfaction au travail selon les caractéristiques personnelles. Dans l'analyse de l'influence des caractéristiques personnelles sur la satisfaction au travail, Maroy (2002), Mottay (1999) et Brunet et al (1991), Mathier et Zajac (1990) ont mis en évidence une corrélation significative entre les caractéristiques du travail et la satisfaction au travail. En voulant évaluer l'importance des caractéristiques du travail enseignant dans la détermination de la satisfaction au travail, nous pouvons donc formuler l'hypothèse suivante :

    H1 : Les perceptions des caractéristiques du travail auraient un impact sur la satisfaction au travail des enseignants.

Finlayson (1979) trouve comme facteurs primordiaux pour le moral des enseignants, les relations interpersonnelles, la qualité de communication, le maintien de la discipline. Hawkes et Dedrick (1983) ont demandé à 400 enseignants de douze premières années d'enseignement quelles étaient leurs sources de stress : l'indiscipline des étudiants, l'apathie des étudiants, la rétribution, etc. Smilansky (1984) s'était proposé d'étudier en Angleterre les sources de satisfaction et de stress de 36 enseignants d'écoles urbaines. Les dimensions les plus corrélées à la satisfaction globale étaient le processus d'enseignement, les relations avec les collègues, les relations avec les élèves. Mykletun (1984) a sondé la satisfaction et le stress chez 917 enseignants norvégiens du primaire et du secondaire, il a constaté que pour les professeurs du secondaire, les facteurs d'insatisfaction étaient le climat organisationnel, les relations avec les autres professeurs, etc. Gaziel (1987) a montré, auprès de 300 enseignants israéliens, que l'absence des relations positives au sein du groupe et de considération de la part du directeur entraînait un sentiment de désengagement. Brunet et al. (1990) ont montré que les relations affectives et de travail occupaient la tête de classement parmi les sources de satisfaction. Existe-t-il un lien entre certaines dimensions du climat et la satisfaction au travail ? Contrairement à Herzberg, nous posons que :

> H2 : La perception des comportements valorisants, soutenants et coopératifs dans les relations professionnelles détermineraient significativement la satisfaction au travail. Celle-ci serait positivement associée au bon climat de travail.

Selon Maroy (2002), Frenay et Meuris (1995), Meyer et Allen (1993), Brunet et al. (1991) et Mathieu et Zajac (1990), Pelletier et al. (1980), Lipka et Gaulet (1979) certaines caractéristiques personnelles et socioprofessionnelles sont positivement et significativement corrélées avec la satisfaction au travail.

> H3 : Les caractéristiques personnelles et socioprofessionnelles agiraient sur le niveau de satisfaction au travail.

Selon Thévenet (2004), l'implication serait à la fois cause de la motivation et conséquence de la satisfaction au travail. L'implication reflète la relation personne/travail. Avant qu'il y ait expérience professionnelle, des motivateurs existent pouvant prédisposer, certes, mais ils ne permettent pas d'affirmer l'implication à venir d'un travailleur. Seule donc l'expérience engendre l'implication en tant qu'attachement psychologique unissant l'individu à son travail. Parmi ses manifestations extérieures, il note la congruence entre les buts et les valeurs de l'organisation, l'investissement psychologique dans l'action et l'attachement affectif où le travailleur cherche à pérenniser la relation positive avec son emploi. L'implication renvoie à un choix personnel et libre qui pousse à l'action et à l'investissement.

Morrow (1993) définit deux formes d'implication : calculée et affective. Porter, Steers, Mowday et Boulian (1974) ont fait l'hypothèse que la satisfaction précède l'implication au travail. Gregson (1992), Mathieu et Hamel (1989), Mathieu (1988), ont montré aussi que la satisfaction précède l'implication au travail. Pour Mowday et al (1982), l'un des résultats les plus significatifs de l'accroissement de l'implication attitudinale est la stabilité de la force de travail. Pour Thévenet (2004), les individus affectivement impliqués adhèrent fortement aux objectifs et aux valeurs de l'organisation et ont une volonté affirmée d'y demeurer (implication affective). Leur implication se développe par la réalisation personnelle. Les enseignants satisfaits et affectivement impliqués devraient exprimer un désir fort de rester dans l'enseignement et même dans leur établissement. Par contre, l'insatisfaction alimenterait l'instabilité professionnelle, mais étant donné le manque d'alternatives sur le marché du travail et le coût d'un éventuel départ, les enseignants non satisfaits opteraient de rester dans l'enseignement parce qu'ils ont besoin d'y rester (pour des raisons financières de survie), tout en dosant leur investissement au travail (implication calculée). Une bonne intégration professionnelle conjugue satisfaction au travail et stabilité de l'emploi

> H4 : La satisfaction au travail serait un facteur déterminant dans la décision de persévérer dans son emploi.

Nous pouvons schématiser ces éléments de la manière suivante :

Tableau 7 : Schéma du cadre méthodologique

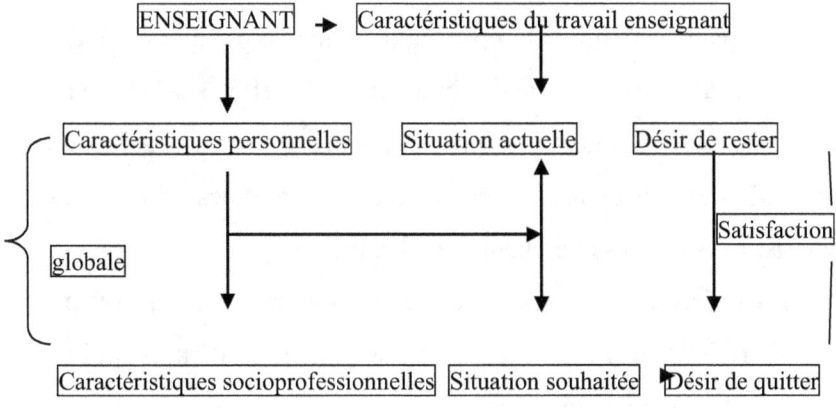

4.4. Variables de recherche

Nous pouvons distinguer ici trois dimensions que nous reprendrons dans notre instrument d'enquête :
- Les paramètres individuels (sexe, âge, niveau de formation, statut matrimonial, etc.)
- Les caractéristiques du travail (conditions de travail, relations professionnelles, salaire, promotion, reconnaissance, temps de travail, travail avec les jeunes, attitude des élèves, culture personnelle, sécurité de l'emploi, régime de pension, etc.).
- La satisfaction dont l'indicateur direct est la volonté de rester dans la profession.

4.5. Instrument d'enquête

Nous aurions pu recourir, dans un premier temps, à l'approche qualitative par entretiens de type semi-directif pour essayer d'appréhender en profondeur les aspects du problème à observer. Nous avons choisi d'utiliser l'approche quantitative par questionnaire pour une mesure plus concrète des indicateurs. En effet, sur la base de l'analyse de toute la littérature scientifique portant sur la satisfaction au travail des enseignants, nous avons perçu les différentes caractéristiques que les chercheurs ont dégagées.

Pour identifier les facteurs de satisfaction au travail, Herzberg a dû d'abord lister les aspects de l'emploi dans une sidérurgie qui se présentent de la manière ci-après :

(1) huit facteurs extrinsèques : conditions de travail, la rémunération de base, les relations interpersonnelles, le prestige, la sécurité de l'emploi, les facteurs de la vie personnelle ;

(2) six facteurs intrinsèques : l'intérêt, l'autonomie, la reconnaissance, la promotion, la culture ou l'enrichissement personnel, le travail proprement dit ou la nature de la tâche.

De leur côté, Weiss, Davis, England et Lofquist (1967) ont élaboré un questionnaire de satisfaction traduit par Roussel en 1996 qui mesure la satisfaction intrinsèque et extrinsèque : Le Minnesota Satisfaction Questionnaire comprend 20 aspects suivants : possibilité de promotion, conditions de travail, autonomie, prestige, rapports humains, stabilité de l'emploi, possibilité d'aider les gens, possibilité d'utiliser ses capacités, salaire, capacité de prendre des initiatives, possibilité de rester occupé tout le temps de travail, reconnaissance et sentiment d'accomplissement tiré de son travail. C'est le test le plus utilisé pour évaluer la satisfaction en entreprise et dans les industries.

L'inventaire de Satisfaction de Larouche (1976) avait été testé auprès de nombreux groupes occupationnels, dont en particulier des enseignants québécois et comprend 19 dimensions : autonomie, avancement, charge d'enseignement, communication professeur/directeur, communication entre collègues, conditions de travail, discipline, encadrement, équipe de professeurs, relations professeurs, manuels, niveau d'enseignement, relations directeur/professeurs, qualité d'enseignement, ratio professeur/élèves, reconnaissance, salaire, support pédagogique, support technique. Ce questionnaire est bon, même s'il y a beaucoup de répétitions.

Nous avons vu comment et autour de quels indicateurs ces questionnaires sont construits. Le guide méthodologique de l'enquête de satisfaction de Sophie Millot (2001) renseigne aussi comment réaliser une enquête de satisfaction.

Plutôt que d'utiliser ce questionnaire nord-américain qui nécessitait inévitablement de l'adapter à notre réalité, il nous a semblé opportun de procéder à l'élaboration d'un questionnaire propre plutôt adapté aux réalités congolaises. En référence à la théorie de la divergence Locke qui considère qu'une connaissance approfondie des attitudes au travail exige que l'emploi soit analysé en fonction des éléments qui le constituent, nous nous sommes basé sur les catégories de la qualité de l'emploi couramment employées en psychologie du travail :

- *les relations interpersonnelles*,
- *le salaire*,
- *le temps de travail*,
- *les perspectives d'avenir* (promotion, sécurité d'emploi, régime de pension),
- *le degré de difficulté du travail* (conditions de travail, difficulté de l'emploi, etc.) et
- *le contenu du travail* (intérêt, variété, utilité, reconnaissance, autonomie, enrichissement, matières)

4.6. Conception du questionnaire

Pour évaluer l'ampleur de la satisfaction, notre questionnaire se structure autour des interrogations suivantes : tout d'abord quelles sont les caractéristiques individuelles des enquêtés ? Comment sont-ils devenus enseignants ? Dans quelles conditions travaillent-ils ? Comment perçoivent-ils leurs élèves et les caractéristiques de leur emploi ? Enfin, sont-ils satisfaits de leur métier ? Quelles sont les attentes structurant leur rapport et leur satisfaction au travail ?

Le questionnaire se divise en quatre parties : La première partie du questionnaire comprend 17 questions : 12 items examinent les caractéristiques individuelles, 5 items analysent le mode d'accès au métier d'enseignant, la mobilité ou la stabilité au travail et l'évaluation du choix fait de la profession.

La seconde partie du questionnaire comprend 25 questions portant sur les caractéristiques du travail et la manière dont les professeurs les perçoivent : considération et reconnaissance, salaire, prime, temps de travail, promotion, pénibilité, conditions de travail, intérêt et utilité du travail, épanouissement, les relations interpersonnelles, attitudes des élèves, travail avec eux, autonomie, style de direction, etc.

La troisième partie évalue plus explicitement sentiment vécu par rapport aux caractéristiques du travail et comprend 4 questions. La quatrième partie évalue d'abord la satisfaction globale au travail de manière indirecte et ensuite, cherche à identifier les aspects cruciaux de la situation de travail.

Trois types d'informations ont orienté notre choix de questions : le vécu, les perceptions des aspects de l'emploi cités ci-haut et enfin les opinions sur le niveau de satisfaction au travail.

Avant de présenter succinctement la réalisation de l'enquête, il convient de signaler que notre questionnaire a connu plusieurs versions avant d'aboutir au questionnaire définitif. Toutes les versions ont bénéficié des critiques et des suggestions utiles du directeur de recherche avant que la dernière version ne soit approuvée par le comité de gestion des doctorats de la faculté. Les conseils judicieux du directeur nous ont permis de veiller à la clarté des consignes et de chaque question, au vocabulaire utilisé, à la facilité à remplir les espaces réservés, à la longueur du questionnaire, à l'intérêt du questionnaire pour lui-même.

Le prétest qualitatif, avant l'administration, a consisté à soumettre le questionnaire à douze professeurs de deux écoles secondaires (une école mixte dirigée par des laïcs et une école non mixte dirigée par des religieuses) afin qu'ils y répondent. Cette étape a montré que la compréhension des questions était bonne et qu'aucune réponse n'était surprenante ou inattendue.

Une fois la phase de mise au point du test terminée, nous avons lancé l'enquête de terrain. A partir de la liste des établissements tirés au sort, nous avons entamé la distribution des questionnaires aux professeurs entre le 25 janvier et le 12 mars 2004.

Pour chacune des questions, le répondant devait cocher dans la correspondant à la réponse qu'il estimait la sienne, à partir d'une échelle graduée en cinq points allant de « très insatisfait » à « très satisfait ». La liste qui suit présente le codage des choix de réponse :

(1) Très insatisfait : l'aspect du travail n'est pas du tout ce qu'espérait le professeur
(2) Insatisfait : l'aspect du travail n'est pas vraiment ce qu'attendait le professeur
(3) ni insatisfait ni satisfait : l'aspect du travail est moins que ce que le professeur espérait
(4) Satisfait : l'aspect du travail est ce que le professeur attendait
(5) Très satisfait : l'aspect du travail est mieux que ce que le professeur espérait.

[1+2+3 = Plutôt insatisfait]   [4+5 = Plutôt satisfait]

1	*2*	*3*	*4*	*5*

Comme il est possible d'assimiler entre elles des catégories ordonnées, nous avons fusionné les catégories qui se retrouvent les unes à la suite des autres : « tout à fait satisfait et satisfait » font une catégorie et « pas du tout satisfait – insatisfait et ni insatisfait ni satisfait » constituent la deuxième catégorie. Les indices des scores vont de 1 (pas du tout satisfait) à 5 (tout à fait satisfait). Le score moyen revient ainsi à (1+2+3+4+5) / 5 = 3.

4.7. L'échantillon statistique

Après avoir exposé le contexte général et local de notre étude, nous pouvons à présent aborder la population de référence. Etant donné que le recueil des informations ne se fera pas sur l'ensemble de la population de référence, nous allons décrire la procédure de l'échantillonnage retenue ainsi que les caractéristiques essentielles de l'échantillon, c'est-à-dire la fraction de la population qui a été réellement observée.

4.7.1. La population de référence

La population de référence, c'est-à-dire celle à laquelle s'intéresse particulièrement la présente étude et à laquelle nous souhaiterions généraliser les résultats concerne les professeurs congolais de l'enseignement secondaire.

Le choix de cette population se justifie par les raisons suivantes : d'abord c'est au niveau du secondaire que se manifestent de manière plus aiguë les mutations dans les conditions de travail du corps professoral en général. Ensuite, l'enseignement secondaire du champ de notre enquête connaît depuis une quinzaine d'années les plus graves agitations (exode rural des professeurs qualifiés, démotivation, effectifs scolaires plus nombreux en ville, en tant que maillon intermédiaire important, les faibles acquis scolaires inquiètent, etc.). Autrement dit, si c'est bien l'ensemble du système éducatif congolais qui se transforme et se détériore, c'est sans doute au secondaire que les perturbations sont les plus importantes. Si les acquis du primaire ne peuvent être renforcés, les élèves entamant les études supérieures ou entrent dans la vie avec un handicap important. C'est par conséquent là que nous avons pensé pouvoir mesurer le niveau de satisfaction des professeurs. En outre, étant donné que bien des phénomènes sont liés à des variables organisationnelles ou plus largement à des caractéristiques propres à un établissement, nous avons choisi le réseau scolaire le mieux organisé et équipé que nombre des professeurs recherchent pour voir si ces aspects nuançaient les sentiments éprouvés vis-à-vis des aspects du travail proprement dits. Enfin, nous avons choisi la ville de Kinshasa parce que c'est un terrain qui nous paraissait le plus rapidement accessible, étant donné notre lieu d'implantation professionnelle, mais aussi des difficultés de transport dans le reste du pays.

4.7.2. Les unités d'observation

Pour toucher le maximum de professeurs (objectif de représentativité), notre champ d'investigation est constitué des écoles secondaires mixtes et non mixtes (le système d'éducation séparée étant encore en vigueur dans certaines écoles tenues par les religieuses), des écoles des quartiers riches et pauvres de différentes communes de la ville.

Notre population de référence est donc constituée par la totalité des professeurs des écoles secondaires, soit plus de sept mille professeurs. En effet, la Coordination urbaine des écoles catholiques de Kinshasa est divisée en 5 sous-coordinations et compte environ 4000 professeurs répartis dans 94 établissements secondaires catholiques.

4.7.3. La méthode de tirage des établissements

Pour des raisons pratiques, il nous était impossible de toucher l'ensemble des établissements et donc des professeurs auxquels la recherche s'intéresse. Il a fallu déterminer dans cette population de référence, les établissements ainsi que les professeurs devant constituer notre échantillon. A cette fin, nous avons d'abord convenu avec le directeur de recherche de prélever un tiers d'établissements à partir de la stratification géographique de la ville déjà existante. Ensuite, grâce à la technique d'échantillonnage par grappes, nous avons tiré un échantillon de 31 établissements. Les variables de contrôle sont donc les zones d'implantation et le nombre de ces écoles. L'enquête étant d'envergure urbaine, toutes les communes et tous les milieux devaient être, autant que possible, couverts.

Tableau 8 : Répartition de l'échantillon d'écoles par sous-coordination

SOUS-COORDINATIONS	Nombre d'écoles	Echantillon (1/3)
FUNA	13	4
LUKUNGA	10	3
MAKELELE	18	6
MONT AMBA	27	9
TSHANGU	27	9
TOTAL	94	31

L'analyse des données statistiques officielles de la Coordination urbaine de Kinshasa révèle que les établissements des niveaux susceptibles d'être couverts par notre enquête (enseignement secondaire) ne sont pas suffisamment implantés en zone périphérique. Les établissements qui sont dans les communes rurales de Maluku et Nsele ne comptent pas assez d'unités d'observation pour fournir des résultats statistiquement significatifs. La raison est simple : la ville attire, les enseignants qualifiés préfèrent prester en ville même plutôt qu'en zone rurale de Kinshasa. Cependant, certains établissements de la périphérie retenus présentent des caractéristiques semblables avec les écoles des deux communes rurales.

A partir du tirage au sort de ces 31 écoles, nous devrions enquêter auprès de tous les professeurs de chacun de ces établissements. Avant donc de photocopier notre questionnaire, nous avons été au siège de la Coordination urbaine de Kinshasa pour relever le nombre exact des professeurs professant dans chacune de ces écoles. Le tableau suivant donne toutes les indications concernant les écoles telles qu'elles existent dans les différentes communes.

Tableau 9 : Répartition des écoles selon les communes de Kinshasa

SOUS-COORDINATIONS	COMMUNES	SECONDAIRE	ECHANTILLON	
			ECOLES	PROFS
1. FUNA	BARUMBU	4	1	43
	KALAMU	2	1	36
	KASAVUBU	5	1	38
	KINSHASA	2	1	35
Total	4	13	4	(152) 120
2. MAKELELE	BANDAL	1	1	40
	BUMBU	1	0	0
	MAKALA	0	0	0
	MT-NGAFULA	4	1	39
	NGIRI-NGIRI	3	1	37
	SELEMBAO	1	0	0
Total	6	10	3	(116) 85
3. MONT AMBA	KISENSO	2	0	0
	LEMBA	5	2	80
	LIMETE	5	2	78
	MATETE	4	1	34
	NGABA	2	1	33
Total	5	18	6	(225) 170
4. LUKUNGA	GOMBE	8	3	126
	KINTAMBO	4	2	79
	LINGWALA	1	0	0
	NGALIEMA	14	4	163
Total	4	27	9	(368) 310
5. TSHANGU	KIMBANSEKE	11	4	140
	MALUKU	4	0	0
	MASINA	5	3	123
	NDJILI	3	2	76
	N'SELE	4	0	0
Total	5	27	9	(339) 276
TOTAL		24 94	31	(1200) 961

Pour l'enquête proprement dite, nous avons tenu à rencontrer nous-même les professeurs dans leurs écoles respectives. Muni de la lettre que l'Abbé coordinateur nous a délivrée pour faciliter notre accueil dans les établissements scolaires tirés au sort, nous avons commencé à sillonner la ville pour l'administration du questionnaire à partir d'un contact direct avec les différents professeurs. Une brève présentation des consignes précédait la distribution des questionnaires aux professeurs qui devaient nous les restituer dûment remplis une semaine après. Sur un total donc de 1200 professeurs, seuls 961 ont répondu de manière correcte et complète au questionnaire, soit 80.08 % des professeurs. Les réponses aux questions montrent que nos enquêtés possédaient les informations que nous cherchions à obtenir.

4.8. Traitement des données

Après avoir procédé à la codification des données recueillies, celles-ci ont été statistiquement traitées par un outil informatique. Dans le chapitre qui suit, les premières données sont présentées sur plusieurs tableaux sous forme des fréquences et des pourcentages. Cette première étape consiste à éditer les caractéristiques de l'échantillon (sexe, âge, état civil, niveau de formation, nombre d'enfants, origine sociale, etc.) de manière à dégager la représentation de la morphologie du corps professoral enquêté.

En second lieu, à partir des données initiales, nous affinerons nos analyses des données par une série d'analyses statistiques l'analyse des items, l'analyse factorielle, l'analyse de la variance, le test d'homogénéité F de Fischer et sa probabilité, qui permettront de répondre à nos questions et par-delà, de tester et valider nos hypothèses.

L'analyse statistique vise à synthétiser les données sous forme de résumés numériques et de tableaux pour répondre à des questions et tester des hypothèses. Elle nous permettra aussi d'approfondir les résultats des variables condensées et liées pour constater le sens des différences de comportement, évaluer l'ampleur des différences et caractériser qualitativement l'importance des différences. Le test de Fisher permettra de déterminer le sens et la signification des écarts ou des différences dans les liaisons de la satisfaction exprimée aux variables démographiques et professionnelles.

Il s'agira de vérifier dans notre contexte la pertinence de la variable satisfaction au travail et notre but est d'en évaluer le niveau et les sources afin d'envisager des solutions pour l'augmenter.

CHAPITRE V

ANALYSE DES RESULTATS

L'analyse des résultats de notre enquête comprend deux étapes phases : la première est une phase essentiellement descriptive où nous dégageons successivement les caractéristiques biographiques des enquêtés et les caractéristiques socioprofessionnelles et la seconde phase permet de faire la synthèse des réponses des professeurs aux différentes questions en rapport avec les différents aspects de leur travail pour visualiser le ressenti des enseignants par rapport aux conditions de leur travail.

5.1. Les caractéristiques biographiques des professeurs

Dans le présent paragraphe, nous voulons présenter les analyses descriptives des caractéristiques biographiques des professeurs ayant répondu à notre enquête. Pour mieux les sérier, nous les décomposons en deux groupes : les caractéristiques socio-démographiques (sexe, âge, statut matrimonial, nombre d'enfants et origine sociale) et les caractéristiques socioprofessionnelles (niveau d'études, temps de travail, ancienneté, type d'école, milieu scolaire, direction scolaire).

Nous laisserons se dégager les principales tendances des distributions sous forme de tableaux, complétés par des représentations graphiques, si cela s'avère nécessaire. Quelques commentaires accompagneront, chaque fois, ces présentations. Enfin, dans la conclusion, nous donnerons les principaux résultats mis en évidence et les commentaires qu'ils nous inspirent.

Ensuite, nous analysons de façon descriptive la manière dont les professeurs perçoivent leurs conditions de travail d'enseignant aujourd'hui à Kinshasa. En dernière analyse, nous aborderons plusieurs questions relatives à la satisfaction des professeurs. A partir des caractéristiques socio-démographiques et socio-professionnelles, nous serons amenés à mettre en évidence le fait que la satisfaction au travail n'est pas une disposition innée, mais un état provoqué par une situation donnée de l'environnement socioprofessionnel. Si tel est le cas, quel est le niveau de satisfaction et quel effet y a-t-il sur le moral des professeurs enquêtés ?

5.1.1. Caractéristiques sociodémographiques du corps professoral

Nous rappelons que les caractéristiques sociodémographiques sont constituées par les variables sexe, âge, état civil, nombre d'enfants et origine sociale.

Tableau 10 : Répartition des enquêtés selon le sexe

SEXE	FREQUENCES	POURCENTAGE
Hommes	777	80.9 %
Femmes	184	19.1 %
TOTAL	961	100 %

Dans l'échantillon issu du tirage aléatoire, si nous considérons la répartition par catégories de professeurs enquêtés telle qu'elle apparaît dans ce tableau, il ressort que quatre professeurs sur cinq sont masculins, soit 80.85 % d'hommes, et 19.15 % sont des femmes. Cette répartition montre bien que l'emploi enseignant reste encore connoté, dans le réseau d'enseignement catholique kinois, comme un « métier très masculin ».

Tableau 11 : Répartition des professeurs selon l'âge

AGE	FREQUENCES	%
20 – 29 ans	25	2.6
30 – 39 ans	287	29.9
40 – 49 ans	507	52.8
50 ans +	142	14.7
TOTAL	961	100 %

Nous observons à la lecture de ce tableau que notre échantillon rassemble 2,6% des personnes dans la tranche d'âge de 20 à 29 ans ; 29,9% de 30 à 39 ans ; 52,8% dans celle 40 à 49 ans et 14,7% dans la tranche de 50 ans et plus. Il se dégage une forte représentation des professeurs dans la tranche d'âge de 40 à 49 ans soit 52.8 % parmi ceux qui ont répondu à notre enquête. Nous avons donc eu surtout à faire à des professeurs d'expérience. Ceci est d'autant plus vrai que 71.2% des professeurs interrogés ont au moins 11 ans d'ancienneté dans le métier.

Tableau 12 : Répartition des professeurs selon l'état civil et le nombre d'enfants

ETAT CIVIL	FREQUENCES	%	HOMMES		FEMMES	
Célibataires et veufs	165	17.2 %	111	14.3 %	54	29.4 %
Mariés	796	82.8 %	666	85.7 %	130	70.6 %
TOTAL	961	100 %	777	100 %	184	100 %
NOMBRE D'ENFANTS						
O	160	16.6 %	117	15.1 %	43	23.4 %
1 – 4	472	49.1 %	390	50.2 %	82	44.6 %
5 +	329	34.3 %	270	34.7 %	59	32 %
TOTAL	961	100 %	777	100 %	184	100 %

En ce qui concerne l'état civil, l'écrasante majorité des professeurs interrogés sont mariés. Au total, 82.83% de mariés, dont 85.7% parmi les hommes et 70.7% parmi les femmes. Les célibataires et les veufs ne représentent que 17.17% dont 14.3% sont des hommes et 29.4% des femmes. La forte proportion s'expliquerait, entre autres, par la prédominance des classes d'âge de 30 à plus de 50 ans, soit 97.39% de notre échantillon total. Aussi, 83.3 % des professeurs ont au moins un enfant.

Tableau 13 : Répartition des enquêtés selon l'origine sociale

PROFESSIONS	PERE		MERE	
	Fréq.	%	Fréq.	%
Sans profession	556	57.8%	868	90.3%
Ouvriers	169	17.6%	9	.9%
Employés moyens	187	19.5%	81	8.4%
Cadres supérieurs	49	5.1%	3	.3%
TOTAL	961	100 %	961	100%

Nous pouvons noter, à partir de ce tableau, que la proportion importante de parents des professeurs est sans profession et sans revenu, soit 57.8% parmi les pères et 90.3% parmi les mères. La distribution des professions du père ayant un emploi indique que 17.6% des pères sont ouvriers, 19.5% sont employés subalternes et 5.1% sont des cadres supérieurs ou de profession libérale.

En cumulant les deux premières classes (sans profession et ouvriers), nous obtenons une présence très majoritaire des professeurs d'origine sociale pauvre : 75.4% des pères et 91.2 % des mères.

5.1.2 Les caractéristiques socioprofessionnelles

Les caractéristiques socioprofessionnelles regroupent les variables suivantes : le niveau de formation, le temps de travail, l'ancienneté dans l'enseignement, l'ancienneté dans l'établissement, le type d'école, le type de gestionnaire, etc.

Tableau 14 : Répartition des professeurs selon le niveau de formation

DIPLOMES	FREQUENCES	%
A2 + D6	23	2.4 %
A1 + G3	343	35.7 %
LA + L2	595	61.9 %
TOTAL	961	100 %

L'analyse du tableau montre une grande élévation du niveau de formation des professeurs, ceux ayant un diplôme de licence représentent 61.9% (dont 50.6% d'hommes et 11.3 % des femmes), les gradués représentent 35.7% et 2.4 % sont des finalistes du secondaire. Au total, 97.6 % des professeurs enquêtés ont le niveau requis et le diplôme attendu pour exercer valablement leur métier dans l'enseignement secondaire.

Tableau 15 : Répartition des professeurs suivant le temps de travail

NOMBRE D'HEURES PAR SEMAINE	Fréquences	%
1 – 19	108	11.2 %
20 +	853	88.8 %
TOTAL	961	100 %

La semaine normale de travail d'un professeur à temps plein tourne autour de 22 heures obligatoires d'enseignement, sans compter les heures de préparation et de correction à l'école et à la maison. L'analyse fine du tableau 10 indique que 88.8 % des enquêtés qui ont répondu à notre questionnaire sont des professeurs à temps plein. Seuls 11.2% des enquêtés ont moins de 20 heures d'enseignement par semaine.

Le travail en classe, au secondaire, est plus intermittent et globalement moins volumineux en ce qui a trait à l'enseignement formel proprement dit. Pourtant, ce temps hebdomadaire constitue le cœur de la fonction enseignante.

Tableau 16 : Répartition des professeurs selon leur ancienneté

ANCIENNETE DE METIER	Fréquences	%
1 – 10 ans	277	28.8 %
11 – 20	464	48.3 %
21 +	220	22.9 %
TOTAL	961	100 %
ANCIENNETE A L'ECOLE	Fréquences	%
1 – 10	584	60.8 %
11- 20	314	32.7 %
21 +	63	6.5 %
TOTAL	961	100 %

L'analyse de ce tableau indique que la majorité des professeurs ont une longue expérience dans le métier et dans leurs établissements. Il se dégage, dans la première partie du tableau, que 28.8% des professeurs ont plus ou moins 10 ans d'expérience professionnelle, alors que 48.3% ont 11 à 20 ans d'ancienneté de métier et 22.9% ont 21 ans d'ancienneté ou plus. En cumulant les dernières classes, nous obtenons 71.2 % des professeurs qui ont une expérience professionnelle allant de 11 à plus de 21 ans de métier. Nous pouvons donc dire que nous avons eu à faire à des professeurs (71.2 %) ayant une très grande expérience du travail d'enseignant.

Dans la seconde partie du tableau, il se dégage que 60.8% des professeurs ont 1 à 10 ans de stabilité, alors qu'en cumulant les deux dernières classes, nous obtenons 39,2% des professeurs ayant une bonne stabilité de 11 à plus de 21 ans d'enseignement dans le même établissement.

Si dans tout métier, le temps est un facteur décisif pour comprendre la connaissance et le vécu des travailleurs, car, travailler renvoie toujours à apprendre à travailler, cet apprentissage s'inscrit dans le temps et exige du temps. Le temps du travail se rapproche du temps cyclique, au sein duquel les choses et les situations de travail sont données un grand nombre de fois. Ces cycles du travail permettent une grande accumulation du « savoir travailler ». Les enseignants disent « qu'enseigner c'est apprendre deux fois », justement parce qu'en enseignant on comprend mieux, on apprend plus. Le temps contribue aussi au façonnement de l'identité de l'enseignant, et l'idée même d'expérience qui est au cœur de la compétence des enseignants renvoie à ce temps conçu comme un processus d'acquisition d'une maîtrise du travail d'enseignant. Les professeurs qui ont répondu à notre questionnaire sont en majorité des enseignants de « carrière » dont les perceptions des aspects de leur métier pèsent lourd pour comprendre le thème de notre étude.

Tableau 17 : Répartition des enquêtés selon les types d'école

TYPE D'ETABLISSEMENT	Fréquences	%
Mixte	548	57%
Non mixte	413	43%
TOTAL	961	100 %

La mixité en fonction du sexe a été progressivement mise en place dans les établissements scolaires à partir des années 1960. Le principe s'est imposé non pas tant par volonté égalitaire que, plus pragmatiquement, pour résoudre des problèmes de locaux et faire face à la pénurie d'enseignants, voire même d'écoles. En même temps, pour de nombreuses religieuses catholiques, les écoles uniquement réservées aux filles, c'est-à-dire non mixtes, apparaissent encore comme un vœu, excluant tout débat de fond et toute modification.

Ainsi, co-existent encore dans notre système éducatif les deux types d'écoles. Au regard des indications de nos répondants, dans le tableau ci-dessus, il apparaît que 57% d'entre des enquêtés professent dans les écoles mixtes et 43 % dans les écoles non mixtes.

Tableau 18 : Répartition des enquêtés selon le gestionnaire de l'école

DIRECTEURS D'ECOLES	Fréquences	%
Religieuses	237	24.6 %
Religieux	258	26.9 %
Abbés	111	11.6 %
Laïcs	355	36.9 %
TOTAL	961	100 %

Un bon directeur est presque l'âme de l'école, qui donne sa couleur, son orientation et porte une vision large de l'éducation et des convictions pédagogiques profondes. Les écoles secondaires catholiques sont gérées aussi bien par des ecclésiastiques (Pères, Frères, Sœurs et abbés) que par des laïcs.

Notre tableau montre bien que la grande partie de notre échantillon vient des écoles dirigées par les ecclésiastiques pris ensemble (63.1%) dont 51.5% enseignent chez les religieuses et religieux qui ont à Kinshasa un nombre important de grandes écoles. Seuls 11.6% des enquêtés professent dans les écoles que les congrégations religieuses ont cédé aux prêtres diocésains (abbés). Les professeurs prestant dans les écoles gérées par des laïcs représentent 36.9% de l'échantillon. Certaines religieuses, faute de personnel qualifié, jouent plutôt un rôle de second plan, laissant aux laïcs ou laïques qualifiés la direction de l'établissement.

Tableau 19 : Répartition des enquêtés selon les quartiers

CONTEXTE SCOLAIRE	Fréquences	%
Quartier riche	255	26.5 %
Quartier moyen	442	46 %
Quartier pauvre	264	27.5 %
TOTAL	961	100 %

Plusieurs écoles agréablement installées dans le centre-ville procèdent à des recrutements sociaux très sélectifs et se trouvent moins soumis aux problèmes de solvabilité des familles. Certaines de ces écoles connaissent une aisance et une autonomie financière certaines. Ces écoles sont très recherchées, à la fois par les familles bourgeoises soucieuses de la bonne formation de leurs enfants, et par les enseignants qui apprécient les conditions privilégiées d'exercice de leur métier. Ils représentent 26.5 % de l'échantillon.

D'autres écoles, non moins nanties, installées dans des quartiers moyens, présentent un recrutement assez mixte, mêlant enfants de cadres, de fonctionnaires et d'employés avec ceux d'ouvriers et quelques chômeurs de la capitale. Certaines bénéficient des contributions extérieures notables pour assurer les conditions matérielles et pédagogiques requises pour un enseignement satisfaisant. Ces écoles sont représentées par 46 % des professeurs de notre échantillon.

En revanche, les écoles largement installées dans les quartiers pauvres procèdent à des recrutements de masse dans les familles d'ouvriers et des chômeurs. Ces écoles vivent une situation d'étranglement financier avec des parents à la solvabilité réduite ou nulle. Certaines écoles tenues par des religieux font preuve d'une organisation générale et pédagogique remarquable et bénéficient d'une forte demande, d'autres sont moins bonnes dans leurs prestations et dans leur organisation. Toutes ces écoles sont souvent confrontées à la difficulté de fixer les frais de scolarité à un niveau suffisant étant donné leur créneau de clientèle pauvre. Cette catégorie représente 27.5 % des professeurs interrogés.

Tableau 20 : Répartition des enquêtés selon les raisons du choix du métier

RAISONS DU CHOIX	Fréquences	%
Travail et contact avec jeunes	606	63.1%
Métier d'enseignant	706	73.5%
Avoir un emploi	454	47.2%
Avantages matériels	41	4.3%
Salaire	112	11.7%

Les raisons du choix sont majoritairement liées au métier même d'abord (73.5%) et ensuite à son corollaire, le contact avec les jeunes (63.1%). La troisième raison est importante, dans la mesure où elle montre bien la proportion des professeurs ayant choisi le métier par défaut (47.2%). L'enquête montre bien que notre échantillon constitué majoritairement des professeurs de plus de 40 ans (67.6 %) n'est pas essentiellement composé des enseignants ayant choisi le métier par défaut. Ils évoquent deux principales motivations dans le choix de leur métier : le contact avec les élèves et le métier même d'enseignant.

Tableau 21 : Répartition des enquêtés suivant le moment du choix du métier

MOMENT DU CHOIX PERSONNEL	Fréquences	%
A l'école primaire	9	.9 %
A l'école secondaire	102	10.6 %
Aux études supérieures	566	58.9 %
Après les études supérieures	284	29.6 %
TOTAL	961	100 %

Le moment du choix laisse se dégager encore plus nettement la proportion des professeurs attirés par la profession depuis le bas âge jusqu'au choix des études y préparant est bien supérieure (70.4%) à celle des professeurs par défaut (29.6%). Il est intéressant de noter qu'un peu plus de ¾ des professeurs en poste s'étaient orientés vers le métier.

Tableau 22 : Répartition des professeurs selon les déterminants du choix du métier

DETERMINANTS DU CHOIX	Fréquences	%
Ses propres enseignants	438	45.6%
Ses parents	49	5.1%
Ses amis	182	18.9%
La situation de sans-emploi	292	30.4%
TOTAL	961	100 %

Ont-ils été influencés dans leur choix ? Y'a-t-il un phénomène de « reproduction sociale » parmi le corps professoral ? 45.6 % des professeurs déclarent avoir été marqués par l'image charismatique, voire attrayante de certains de leurs enseignants qui ont fait naître en eux l'envie de devenir aussi enseignants, alors que 18.9 % ont été influencés par des amis. Dans un contexte où le service d'orientation fait défaut, c'est auprès des amis surtout qu'on recherche l'information pour s'orienter. Alors que le marché du travail se réduisant de plus en plus à cause de la crise, l'enseignement offrait encore des opportunités, ainsi 30.4 % des professeurs ont pu, au terme de leurs études supérieures, s'orienter vers l'enseignement à défaut de mieux, pour échapper le chômage. Certains parents qui s'intéressent aux études de leurs enfants suppléent aussi au manque des services d'orientation : 5.1 % seulement ont été influencés par les proches parents.

Tableau 23 : Répartition des enquêtés suivant l'évaluation du choix fait

EVALUATION DU CHOIX	Fréquences	%
Plutôt bon	364	37.8 %
Ni bon ni mauvais choix	264	27.5 %
Plutôt mauvais	333	34.6 %
TOTAL	961	100 %

L'analyse du tableau ci-haut montre que 37.8% des professeurs estiment avoir fait un choix plutôt bon. Leur choix du métier n'est pas en soi mauvais, nonobstant les conditions de travail et la perte de prestige.

Par contre, pour les 34.6 % des professeurs estiment avoir fait un choix plutôt mauvais. Ils auraient pu s'orienter autrement s'ils avaient suffisamment d'informations utiles. Leurs représentations du métier sont organisées autour d'une image dévalorisée et des conditions financières difficiles. Le niveau d'aspiration des professeurs s'accoutume mal d'un persistant sentiment de frustration.

Entre les deux groupes, 27.5 % des professeurs considèrent que leur choix n'est ni bon ni mauvais. Entre focalisation positive et désenchantement, ils se résignent quelque peu et se refusent à toute position tranchée, attendant que les choses s'améliorent.

5.2. Diversité interne et différents modes d'accès au métier

Les résultats présentés jusqu'ici ont permis de dégager une grande diversité du corps professoral du secondaire, tant sur le plan du genre, de l'âge, de la formation, de la situation matrimoniale, de la direction, de l'origine socio-familiale que du mode d'accès au métier.

Notre propos, dans cette première partie concernant l'analyse de notre échantillon, consistait à mettre en évidence les évolutions et les constances dans la structuration sociologique du corps professoral kinois des écoles secondaires catholiques. Surtout, il s'agissait d'explorer de façon fine les facteurs sociaux, scolaires ou professionnels de la différenciation interne de notre échantillon. Il convient surtout de noter que les écoles secondaires catholiques de Kinshasa, telles que représentées dans notre échantillon, ont toutes le corps professoral requis pour exercer cette profession avec compétence.

La forte présence des hommes (80.9%), la tendance au vieillissement (67.5% ayant de 40 à plus de 50) et non au renouvellement du corps (2.6% ayant moins de 30 ans) liée à une perte d'attractivité du métier, l'élévation du niveau de formation (35.7% ont un graduat et 61.9% ont une licence), une bonne expérience professionnelle (71.2% ont plus de 10 ans d'ancienneté) et 88.8% sont à temps plein ; telles ont les principales évolutions perceptibles.

Des constances sociologiques apparaissent également : les enseignants se recrutent majoritairement dans les strates sociales paysannes et moyennes. Il y a aussi un fort ancrage des enseignants dans les mêmes classes sociales par leurs alliances matrimoniales. Plus spécifiquement, on trouve une autre constance : l'ascension sociale des enseignants par rapport au niveau de formation des parents. Les professeurs sont parmi les intellectuels du pays qui avaient envisagé le professorat comme un aboutissement normal d'un bon parcours académique.

Cette brève analyse diachronique souligne déjà quelques indices de l'hétérogénéité du corps professoral qui s'est accentuée en analysant les modes d'accès au métier. Le premier mode est majoritaire et caractérisé au départ par un choix positif du travail, alors ceux qui optent par défaut de devenir enseignant, pour des raisons économiques, ont un rapport biaisé au travail. Mais le mode d'accès majoritaire cache lui aussi une diversité, non seulement par les différents types de formation, les uns dans des universités, les autres dans les instituts supérieurs, les uns licenciés, les autres gradués ; mais aussi dans les rapports de genre. Si les hommes épousent volontiers des femmes moins ou non instruites, les femmes enseignantes ont souvent des hommes d'un certain niveau de formation.

Cette diversité sociologique n'annule évidemment pas les effets homogénéisants d'un travail et d'un emploi communs et, pour une grande partie d'entre eux, d'une formation initiale relativement proche soit dans les instituts supérieurs, soit dans les universités. Cela dit, comme on souhaite à la fois une bonne couverture quantitative des écoles et une bonne qualité des services offerts, il est *a priori* possible que les effets sur la qualité de la formation des élèves associés au recrutement d'enseignants plus diplômés justifient cette politique.

La diversité du corps professoral ouvre alors à plusieurs questions qui restent à explorer. Tout d'abord, nous pouvons nous interroger sur l'incidence des trajectoires sur la conception du métier et de l'identité professionnelle. En outre, il reste à étudier les relations entre ces sous-groupes sociologiques et les conditions effectives d'exercice du métier : leur satisfaction professionnelle est-elle identique ? Est-elle fondée sur les mêmes attentes à l'égard du métier ? Les enseignants dont le choix a été motivé par des raisons extrinsèques s'investissent-ils autant que ceux dont la motivation du choix est intrinsèque ? Le vieillissement du corps professoral et la perte d'attractivité de la profession risquent de favoriser un recrutement d'enseignants dont le rapport au métier ne cessera de s'étioler ; ce qui n'est pas sans conséquences, tant sur leur mode de mobilisation et d'implication que sur leurs systèmes d'attentes à l'égard du métier ou leur satisfaction professionnelle.

Connaissant à présent les caractéristiques biographiques des enseignants enquêtés, nous pouvons faire un pas en avant en examinant les perceptions des enseignants par rapport aux différentes caractéristiques de leur travail.

5.3. Perception des caractéristiques du travail

Dans cette section, nous examinons de façon descriptive la perception des professeurs quant à leur condition enseignante aujourd'hui. Dans quelles conditions d'emploi et surtout dans quelles conditions concrètes de travail les enseignants congolais exercent-ils leur métier ? Nous décrirons d'abord la perception des élèves et des problèmes de discipline en classe, ensuite nous aborderons les questions relatives aux caractéristiques du travail et à la satisfaction professionnelle.

5.3.1. *Perception des élèves*

Nous voulions nous faire une idée sur les facilités ou les difficultés que les professeurs éprouvent dans leur travail avec les élèves. Il a été demandé aux professeurs de donner les impressions dominantes par rapport à leurs élèves en classe. Nous y avons joint une liste de cinq items à positionner sur une échelle allant de 1 à 5 (pas du tout à tout à fait). Nous présenterons les données de bord reflétant la manière dont les enseignants perçoivent les facettes de leur travail.

Tableau 24 : Perception du rapport des élèves au travail scolaire

PERCEPTION DES ELEVES EN CLASSE	Plutôt pas d'accord	Plutôt d'accord
Motivés pour les études	13.8%	86.2%
Intéressés par vos matières	3.5%	96.5%
Actifs et participatifs aux leçons	4.5%	95.5%
Disciplinés	8.9%	91.1%
Respectueux	6.5%	93.5%
Travailleurs	10.5%	89.5%
Paresseux	55.8%	44.2%
Difficiles	55.4%	44.6%

Les perceptions des professeurs par rapport à leurs élèves en classe se révèlent très positives. Par rapport à la motivation, 86.2% des professeurs trouvent que leurs élèves sont plutôt motivés. En ce qui concerne l'intérêt aux matières enseignées, 96.5% des professeurs estiment que les élèves sont plutôt intéressés par leurs matières.

Pour la participation aux leçons, 95.5% des professeurs jugent que les élèves sont plutôt participatifs et actifs. De même, 91.1% des professeurs estiment que leurs élèves sont plutôt disciplinés, alors que 93.5% considèrent les élèves comme étant plutôt respectueux, et enfin 89.5% des professeurs estiment que les élèves sont plutôt travailleurs.

Certaines perceptions sont plus partagées, en ce qui concerne les variables, comme la paresse ou le degré de difficulté des élèves : 55.8% des professeurs jugent les élèves plutôt paresseux contre 44.2% qui les jugent plutôt peu paresseux. En outre, 55.4% des professeurs estiment que leurs élèves ne sont pas difficiles.

Pour la majorité des professeurs, l'attitude et le comportement de leurs élèves ne constituent pas un problème quant au déroulement du travail en classe. Globalement, les professeurs estiment donc que les élèves ont une attitude favorable par rapport au travail scolaire.

5.3.2. *Perception des problèmes de discipline*

Une autre question portait sur la perception des problèmes de discipline : « Dans votre expérience personnelle, avez-vous été confronté aux problèmes de discipline avec vos élèves ? » Selon leurs fréquences d'apparition, les réponses se présentent comme suit.

Tableau 25 : Répartition des professeurs selon leur appréciation de la discipline en classe

Les s'absentent sans justification	Jamais	parfois	souvent	Très souvent
Les élèves s'absentent sans autorisation	15.3%	71.7%	9.8%	3.2%
Les élèves sont en retard	2.2%	73.6%	18.7%	5.5%
Ils ne respectent pas les consignes	28.8%	49.5%	16.4%	5.2%
Ils ne respectent pas vos consignes	35.5%	49.7%	11.3%	3.4%
Ils dérangent beaucoup	31.1%	47.5%	15.3%	6.1%
Ils se bagarrent	71.6%	26.1%	1.8%	0.5%
Ils abîment les matériels ou le mobilier	31.7%	61.4%	6.1%	0.7%
Ils ont des activités parallèles au cours	52%	41.3%	6.1%	0.6%
Ils vous répondent grossièrement	74.9%	22.8%	1.1%	1.2%

En ce qui concerne la politesse et la discipline, 74.9% des professeurs déclarent n'avoir jamais connu des cas grossiers ; 71.6% des professeurs n'ont jamais enregistré des scènes de bagarres dans leurs classes et 52% des professeurs n'ont jamais constaté des activités parallèles pendant leurs enseignements. En revanche, les autres items arrivent « parfois » à de nombreux professeurs : environ 73.6% des enseignants ont parfois des élèves qui viennent en retard ; 71.7% des professeurs sont confrontés à des cas d'absences injustifiées et 61.4% des professeurs parlent des matériels ou des meubles abîmés par les élèves. Beaucoup d'autres ont expérimenté « parfois » des problèmes disciplinaires, ce sont des situations ponctuelles qui font la vie de la classe. Sans réduire les élèves aux momies inamovibles, les professeurs ne dramatisent pas les cas éventuels. Cela fait partie de la vie en classe avec des jeunes pubères ou adolescents qui sont globalement perçus comme motivés, intéressés, attentifs, polis, respectueux et coopératifs. La gestion de classe ne semble donc pas constituer un problème pour la satisfaction des professeurs.

5.3.3. Perception des caractéristiques du métier d'enseignant

Les professeurs ont été invités, dans cette partie du questionnaire, à évaluer les aspects suivants de leur emploi : le revenu, le temps de travail, la possibilité de promotion, l'autonomie, le travail intéressant, épanouissant et utile à la société, la considération sociale, les relations professionnelles, le style de leadership, soutien au travail et le degré de difficulté, etc. Aux questions suivantes, les professeurs ont répondu comme nous le signalons dans le tableau : « A l'affirmation selon laquelle votre salaire est bon, votre prime est élevée et votre rémunération globale bonne, que répondez-vous ? Trouvez-vous que vos possibilités de promotion sont bonnes ? Est-il vrai que votre travail est intéressant, utile, épanouissant ?», etc. Ces questions sont aussi révélatrices du niveau d'aspiration et par-delà, de la satisfaction professionnelle.

Tableau 26 : Perception des caractéristiques de l'emploi

Perception des dimensions du travail	Pas d'accord	D'accord
Salaire de base	97.8 %	2.2 %
Prime	89.6%	10.4%
Salaire global	88.0%	12.0%
Promotion	78.3%	21.7%
Travail intéressant	12.4%	87.6%
Travail permettant d'aider les autres	1.9%	98.1%
Travail utile à la nation	1.1%	98.9%
Travail épuisant	7.8 %	92.2%
Travail épanouissant	15.6%	84.4%
Autonomie	3.9%	96.1%
Reconnaissance sociale	82.8%	27.2%
Relations avec Chef d'établissement	5.5%	94.5%
Leadership participatif	19.6%	80.4%
Relation avec le DE ou le conseiller péd	5.8%	94.2%
Relations avec les collègues	3.1%	96.9%
Relations avec les élèves	5.4%	94.6%
Temps de travail suffisant	29.7%	72.3%

L'aspect financier du rôle de travail est celui qui, selon l'opinion, finalise l'activité de travail et la sépare d'une simple activité utilitaire non rémunérée. L'analyse des réponses des professeurs par rapport à l'aspect financier montre bien que l'argent reste un aspect crucial, voire problématique, c'est le facteur qui peut diminuer l'insatisfaction sans susciter la satisfaction, comme l'avait si bien dit Herzberg (1957). En effet, 97.8 % des enquêtés estiment que leur salaire est très bas, ce qui alimente le sentiment d'être exploités.

Les perspectives d'avenir qu'offre un emploi présentent aussi de l'intérêt. En ce qui concerne la promotion, les professeurs interrogés étaient invités à évaluer leur perspective d'avancement dans leur emploi, et seulement 21.7 % estiment que leurs perspectives de promotion sont bonnes. Il se dégage que 78.3 % des professeurs ne se font pas d'illusion en matière de promotion.

L'indicateur synthétique se concentre sur les aspects psychologiques du travail plutôt que sur sa mécanique : l'intérêt du travail, le fait qu'il permet d'aider les autres, son utilité sociale, la possibilité de travailler de façon autonome, certains items ont permis d'évaluer à quel point l'enseignement contribue à l'épanouissement personnel des professeurs et à leur reconnaissance.

L'analyse montre que 87.6% des professeurs estiment que leur travail est intéressant, 98.1 % jugent leur travail utile aux jeunes et à la nation, 96.1% estiment travailler de façon autonome, alors que 84.4 % considèrent que leur travail est épanouissant, et seulement 26.9% s'estiment reconnus socialement.

En outre, nous avons demandé aux professeurs d'apprécier leurs relations professionnelles avec la direction, les collègues et les élèves. Dans l'ensemble, plus de 94.5% des professeurs ont de bonnes relations avec la direction ; 96.9% des professeurs entretiennent de bonnes relations professionnelles entre eux et 94.9 % collaborent bien avec leurs élèves. Il se dégage que plus de 9 sur 10 professeurs de notre échantillon exercent un emploi caractérisé par de « bonnes relations professionnelles » et un bon leadership.

Le dernier indicateur concerne la difficulté du travail enseignant. C'est un aspect qu'un observateur extérieur aurait de la peine à mesurer sans interroger l'enseignant lui-même. Aussi, tel travail peut être jugé difficile par certains et non par d'autres, ou difficiles dans certaines conditions de travail mais pas dans d'autres. Les professeurs devaient donc nous éclairer sur les conditions réelles de travail et sur les difficultés éprouvées. Si 58.1% de notre échantillon se déclarent être toujours ou souvent épuisés, seulement 34.1% des professeurs affirment l'être parfois. Les chiffres relatifs à la pénibilité sont de 8% (toujours ou souvent) et 7.7% parfois. Seulement 2.6% des professeurs pensent qu'ils travaillent (toujours ou souvent) dans des conditions malsaines ; alors que 53.9 % jugent que leurs conditions de travail sont toujours ou souvent difficiles et 35.1% affirment parfois.

Pour conclure, il se dégage que nos enquêtés apprécient le travail enseignant tout en privilégiant les aspects psychologiques et moraux. Le sentiment d'être exploités, celui d'être mal ou très mal payés ne sont plus les manifestations d'une conscience collective, elles signalent désormais des souffrances individuelles. Il nous reste maintenant à examiner les relatives à la satisfaction par rapport aux différents aspects du travail d'enseignant.

5.4. Satisfaction et aspects du travail

Toute une multiplicité des dimensions de valeur s'attache au travail en tant que thème de satisfaction ou d'insatisfaction. La nature des tâches accomplies constitue la principale de ces dimensions, mais l'environnement physique de travail, les relations humaines, le salaire, les conditions de travail, etc. contribuent pour une part plus ou moins grande à rendre le travail supportable ou insupportable, désirable ou indésirable. L'allergie au travail serait due à l'appauvrissement de ces aspects quant à leurs charges affectives aux yeux des enseignants.

Nous l'avons déjà souligné, le sentiment de satisfaction est fonction de la relation perçue entre ce que l'enseignant attend tirer de son travail et ce que son travail lui offre effectivement. Bornons-nous à faire apparaître les contributions de diverses sources de satisfaction professionnelle que nos enquêtés ont voulu révéler.

Nous avons distingué dans notre questionnaire quatre types de dimensions permettant de caractériser la satisfaction d'un enseignant à son travail : l'environnement de travail, le contenu du travail, les relations interpersonnelles et les caractéristiques de l'emploi. Les professeurs étaient invités à exprimer leur sentiment tel qu'ils le vivent à partir des questions exprimant différents aspects de leur réalité professionnelle.

Comme les psychologues du travail l'avancent, on ne peut être réellement satisfait ou insatisfait que relativement à un aspect du métier qui importe et motive effectivement ou non. Notre première interrogation visait à déceler le niveau de satisfaction des enseignants par rapport aux différents cadres contextuels de travail. (Les scores sont regroupés de la manière suivante : 1+2+3 = *Plutôt insatisfait* et 4+5 = *Plutôt satisfait*). La première analyse des réponses révèle que les enseignants sont plutôt satisfaits de leur contexte large de travail : 66.6% sont satisfaits d'enseigner dans la ville de Kinshasa, 85.7 % sont satisfaits d'être professeurs dans les écoles où ils enseignent, 91.8 % sont satisfaits de leurs classes ; 91.6% sont satisfaits de leurs sections d'enseignement et 96.4% sont satisfaits des matières qu'ils enseignent.

La ville de Kinshasa exerce un véritable leadership sur l'économie et les finances et séduit même si les avantages recherchés ne correspondent pas à la réalité quotidienne. L'attrait de la ville demeure irrésistible, en plus, se faire embaucher dans une école de bonne réputation dans un bon quartier augmente un sentiment de satisfaction.

L'expérience de la classe est le nœud émotionnel du travail enseignant. A la rationalisation en douceur de la préparation des cours, qui laisse une marge de manœuvre considérable à l'enseignant, s'opposent les tâches en présence des élèves, toutes baignées dans les relations avec les individus et les groupes. La gestion éducative de la classe concerne l'ensemble des stratégies, conduites et tactiques utilisées par les enseignants pour obtenir une coopération des élèves qui permet d'enseigner et d'apprendre.

Tableau 27 : Le sentiment des enquêtés par rapport à l'environnement de travail

ASPECTS DU METIER	%	%
Environnement professionnel	Plutôt insatisfait	Plutôt satisfait
Professeur à Kinshasa	33.4 %	66.6%
Professeur dans votre école	14.3 %	85.7%
Professeur dans vos classes	8.2 %	91.8%
Professeur dans vos sections	8.4 %	91.6%
Professeur de vos matières	3.6 %	96.4%

Si 91.8 % des professeurs se déclarent très satisfaits de leurs classes et 91.6 % sont contents des sections où ils prestent, cela veut dire qu'il y a une mise en place des attitudes, des comportements et d'actions des enseignants situés sur trois pôles qui agissent en interaction : la création et la régulation d'un cadre de travail, la conduite de situations de travail et la gestion d'événements. Aucun ne fait cas de classe difficile, ce qui ne veut pas dire qu'il n'y a pas d'élèves agités, remuants, dérangeurs, mais tout se résorbe dans le quotidien sans trop encombrer les enseignants. Malgré l'hétérogénéité environnementale, la congruence de la satisfaction par rapport à l'environnement est manifeste.

Tableau 28 : Le sentiment des enquêtés par rapport au contenu de travail

ASPECTS DU METIER	%	%
Contenu du travail	Insatisfait	Satisfait
Travail avec les élèves	18 %	82 %
Transmission des savoirs	5.7 %	94.3%
Autonomie de travail	5.9 %	94.1%
Variété de contenus	6.1 %	93.9%
Culture personnelle	5.9 %	94.1%
Discipline en classe	26.1%	73.9%
Attitude des élèves	23.5 %	76.5%
Horaire de travail	19.8 %	80.2%

Par rapport au contenu du travail, le support organisationnel passe par la définition précise du rôle de l'enseignant s'appuyant sur les tâches qui lui sont fixées. L'enseignant doit à la fois instruire, éduquer et former. C'est à l'enseignant qu'il revient d'organiser et de diriger l'activité de ses élèves afin de leur permettre d'apprendre effectivement. Il mobilise ses savoir-faire professionnels, ses compétences de pédagogue, ses connaissances et sa culture personnelle. L'essentiel se joue en classe. L'enseignant est le premier responsable de la qualité de vie et du travail de ses élèves. Si le constat est rassurant et valorisant pour la profession, il impose des responsabilités.

L'analyse des réponses ici laisse se dégager un « idéal professionnel » centré sur les savoirs (96.4%), la transmission (94.3%), la culture personnelle (94.1%), la variété de contenu (93.9%), l'autonomie (94.1%) ; mais aussi sur les élèves (82%), leur attitude en classe (76.5%), la discipline en classe (73.9%). Un véritable climat d'ordre et de discipline devrait faciliter une utilisation optimale du temps scolaire et une bonne couverture des programmes. Nous avons détaché du contenu, les relations pour les évaluer à part.

Tableau 29 : Le sentiment des enquêtés par rapport aux relations humaines

ASPECTS DU METIER Relations interpersonnelles	% insatisfait	% Satisfait
Relations avec le chef d'établissement	10.4 %	89.6%
Relations avec le directeur des études	6.7 %	93.3%
Relations avec les collègues	3.9 %	96.1%
Relations avec les élèves	10.5 %	89.5%

Deux facteurs sont essentiels pour enclencher et maintenir une dynamique de transformation positive : assurer aux enseignants des structures d'échanges, de confrontation et un accompagnement régulateur et instaurer entre eux un climat de communication et un système de relations équilibrées. Dans ce climat, les enseignants s'occupent bien de tout ce qui concerne les apprentissages et le directeur s'occupe en priorité de l'école comme système dans son ensemble et de son climat de travail.

Dans le cadre de notre recherche, il y a dans les réponses des professeurs des preuves d'une coopération très satisfaisante, d'abord entre professeurs (96.1%), ensuite entre les professeurs et le directeur des études (93.3 %), puis entre les professeurs et le chef d'établissement (89.6 %) enfin avec leurs élèves (89.5 %). Il y a donc un climat social aisé dans la vie quotidienne des écoles enquêtées. Il convient de renforcer ces aspects pour influer sur la capacité de travailler sans perdre de vue la qualité.

Tableau 30 : Le sentiment des enquêtés face aux caractéristiques de l'emploi

ASPECTS DU METIER Caractéristiques liées à l'emploi	% Insatisfait	% Satisfait
Conditions de travail	74.3 %	25.7%
Sécurité de l'emploi	88.4 %	11.6%
Régime de pension	98.9 %	1.1 %
Rémunération	97.7 %	2.3 %
Promotion au travail	95.7 %	4.3 %
Reconnaissance sociale	94.4 %	5.6 %

Dans cette section où il s'agit essentiellement de la « satisfaction matérielle », lorsque le salaire est très bas, les conditions de travail mauvaises, la sécurité de l'emploi incertaine, le régime de pension inexistante et que les perspectives de carrière sont infimes, il va de soi que l'insatisfaction prévaut dans les sentiments des enseignants.

Ainsi, notre recherche a révélé que le point le plus crucial, le plus frustrant et le plus insatisfaisant pour les professeurs interrogés concerne les caractéristiques de leur emploi. Les pourcentages calculés révèlent en effet que 74.3 % des professeurs sont insatisfaits des conditions de travail, 88.4 % sont insatisfaits de la sécurité de l'emploi, 95.7 % sont insatisfaits des possibilités de carrière, 97.7 % sont insatisfaits de la rémunération et 98,9 % des professeurs sont insatisfaits du régime de pension. En outre, le besoin de reconnaissance sociale est fortement ressenti par tous les enseignants dans la mesure où le travail est devenu le lieu central de la quête de l'identité et de la réalisation personnelle. Les énergies que les enseignants déploient pour s'acquitter de leurs tâches font accroître leur besoin de recevoir une reconnaissance tangible. La reconnaissance au travail représente la démonstration claire que les efforts investis dans leur travail et leur personne elle-même sont reconnus à leur juste valeur. Si la reconnaissance provenant de la hiérarchie est perçue comme assez importante ; la reconnaissance externe dite « existentielle ou sociale » est très importante dans la mesure où elle donne aux professeurs l'impression d'exister aux yeux de la société. Pour bien mesurer cet aspect, nous avons posé de trois façons différentes la question concernant la considération sociale. Les résultats de notre enquête sont probants : seulement 5.6 % des professeurs s'estiment valorisés socialement.

Pour approfondir le sentiment qui se dégage, nous avons demandé aux professeurs de répondre à la question de savoir comment ils envisageaient leur avenir professionnel. Ils devaient se prononcer entre : Rester à son poste ; changer d'école ; quitter l'enseignement.

5.5. Satisfaction globale au travail d'enseignant

La question sur le souhait de quitter son emploi, dans la formulation que nous lui avons donnée, constitue un grand vecteur indirect d'(in)satisfaction au travail : seulement 25.3 % des professeurs ont la volonté de rester enseignants dans les mêmes écoles, cependant, 2.2% désireraient poursuivre le même métier mais dans d'autres établissements. Nous les associons au nombre d'insatisfaits, même s'ils ne montrent pas le courage de quitter l'enseignement. Nous sommes en présence d'un phénomène de désengagement conflictuel qui induit une implication calculée ; le coût d'une démission éventuelle dans un contexte où la reconversion difficile oblige certains enseignants à *rester en place* pour un investissement minimal.

Tableau 31 : Indicateur de la satisfaction globale

	Rapport plutôt négatif		à	Rapport plutôt positif	
Satisfaction par rapport au métier	Très insatisfait	insatisfait	Peu satisfait	Satisfait	Très satisfait
Perspective d'avenir professionnel	Quitter		Changer d'école	Rester	
	72.5 %		2.2 %	25.3 %	

En effet, le désir de « quitter son emploi » augmente avec le degré d'insatisfaction professionnelle dans l'emploi occupé et il diminue avec les possibilités perçues de changement d'emploi au sein d'une même organisation (Maroy, 2002). La formulation de la question de quitter le métier tend à mettre en jeu les facteurs subjectifs de frustration agissant sur le désir de renoncer volontairement à son travail. L'analyse du tableau révèle de manière très nette que 72.5 % des professeurs de notre échantillon souhaiteraient sans détour abandonner leur métier si d'autres alternatives s'offrent. Globalement donc, en associant ceux qui expriment de façon détournée leur insatisfaction (2.2 %) à ceux qui l'expriment sans détour (72.5 %), nous obtenons 74.7 % des professeurs insatisfaits, soit les ¾ des professeurs interrogés. On peut noter ici que l'identification à leur profession étant très faible, l'engagement envers l'enseignement doit être aussi faible et l'intention de quitter devient plus forte.

Pour clôturer cette partie, nous avons demandé aux répondants qui ont exprimé le désir de quitter l'enseignement d'indiquer les principales raisons pour lesquelles ils souhaiteraient quitter.

Tableau 32 : Raisons invoquées pour quitter l'enseignement

RAISONS D'INSATISFACTION	%
Faible rémunération	97.4 %
Profession socialement déconsidérée	91.9 %
Conditions de travail difficiles	82 %

Ce sont là les trois raisons principales données par les enquêtés. Il se dégage que les aspects les plus cruciaux de la satisfaction au travail se résument en ces trois dimensions : la rémunération, la déconsidération sociale et les conditions de travail difficiles génèrent une trop forte insatisfaction (74.7 %). Au lieu donc d'être une activité structurante fondamentale, le travail d'enseignant est aussi un lieu de déstructuration et de détresse psychologique du moins en ce qui concerne certains aspects. Nous allons à présent évaluer l'ampleur de cette insatisfaction du corps professoral en rapport avec leurs caractéristiques individuelles.

5.6. Satisfaction globale et caractéristiques individuelles

Par rapport au sexe, 25.2 % d'hommes affirment devoir rester dans l'enseignement contre 37% des femmes. Il y a 74.8 % d'hommes et 63 % des femmes qui souhaiteraient quitter l'enseignement. L'insatisfaction est forte, mais les hommes sont plus insatisfaits que les femmes. La forte insatisfaction varie donc selon le sexe.

Par rapport à l'âge, 36 % de 20 à 29 ans contre 24.8 % de la tranche de 30 à 39 ans, 25.5 % de 40 à 49 ans contre 38.7 % de plus de 50 ans désireraient rester dans l'enseignement. Par contre, 64% de 20 à 29 ans, 75.3% âgés de 30 à 39 ans, 74.6 % de 40 à 49 ans et seulement 61.3 % de plus de 50 ans souhaiteraient quitter l'enseignement. L'insatisfaction est fonction de l'âge, même si les écarts sont infimes entre les 30-39 ans et les 40-49 ans.

Par rapport au diplôme, 39.1% des diplômés du secondaire, 28.8 % des gradués et 26.2 % des licenciés estiment qu'ils peuvent continuer à enseigner. Par contre, 60.9 % des finalistes du secondaire, 71.1% des gradués et 73.8 % des licenciés souhaiteraient partir de l'enseignement. L'insatisfaction est un sentiment dominant chez tous les enseignants, mais elle varie plus ou moins selon les diplômes.

5.7. Conclusion partielle

L'analyse des résultats de notre recherche a permis de dégager les constantes concernant les variables démographiques et socioprofessionnelles. Il s'agissait d'explorer à la fois les facteurs biographiques et professionnels de différenciation interne du corps professoral. Il se dégage une présence forte des hommes, mais la principale évolution concerne le niveau de formation élevé. Ces enseignants se recrutent encore majoritairement dans la classe paysanne et pauvre. Certains sont entrés dans le métier par défaut.

Concernant les variables professionnelles, la majorité des professeurs est à temps plein, a une longue expérience du métier et est stable. Le vécu en classe ne constitue pas un problème, les relations professionnelles sont très bonnes, le travail est en lui-même apprécié, mais les avantages matériels attendus du travail génèrent une forte frustration.

Comme on le voit, au-delà de la perception des caractéristiques du travail, nous avons pu surtout dégager un niveau de satisfaction dont il convient à présent de déterminer les sources principales.

Dans le chapitre qui suit, à partir de différentes analyses statistiques, nous allons cerner, de manière plus approfondie, pour identifier les facteurs majeurs de satisfaction autour desquels gravitent toutes les autres caractéristiques du travail. Chacun des facteurs sera défini à partir des variables qui montrent les corrélations les plus élevées avec lui. La rotation varimax permettra d'obtenir une structure factorielle claire des facettes spécifiques du métier générant ou non la satisfaction. En second lieu, nous mettrons ces facteurs de satisfaction en relation avec des variables personnelles pour évaluer l'incidence de ces dernières.

CHAPITRE VI

APPROFONDISSEMENT DES RESULTATS

L'objectif de cette étude est d'examiner le poids respectif des caractéristiques personnelles et des caractéristiques du travail dans la prédiction de la satisfaction professionnelle. Il s'agit aussi d'évaluer l'effet de l'ensemble de ces variables sur la satisfaction au travail des professeurs.

Le chapitre précédent, visant l'analyse des données observées, a dépeint la photographie de notre échantillon ainsi que les perceptions des professeurs par rapport aux différentes dimensions de leur travail. A la lecture des résultats analysés, nous observons que dans l'ensemble, les professeurs rapportent un niveau de satisfaction globale très bas. Il reste donc à préciser les aspects du travail qui donnent de la satisfaction aux enseignants.

Le présent chapitre permet a pour but d'approfondir l'examen des facteurs les plus fortement associés à la satisfaction des professeurs à partir de l'analyse factorielle. Comment avons-nous procédé ?

Nous avons d'abord utilisé le test de sphéricité de Bartlett pour tester l'hypothèse nulle voulant que la matrice de corrélation soit une matrice d'identité, c'est-à-dire une matrice ne contenant que des corrélations de .00. En effet, s'il n'y a pas de corrélations entre les variables, il ne peut se dégager des facteurs. Nous souhaitons que ce test soit positif pour nous autoriser à rejeter l'hypothèse nulle d'identité indiquant l'absence de corrélation significative entre les variables. Ce test étant très sensible à la taille de l'échantillon, le nôtre étant assez grand, les chances de rejeter l'hypothèse nulle sont donc très élevées. Heureusement notre test de sphéricité de Bartlett est significatif ($p < .001$), ce qui nous permet de rejeter l'hypothèse nulle voulant que nos données proviennent d'une population pour laquelle la matrice serait une matrice d'identité.

Tableau 33 : Résultat du test de Bartlett

	Approxim. Khi²	22816.80
TEST DE SPHERICITE DE BARTLETT	Degré de liberté	2346
	Significativité	.00001

En outre, pour extraire le nombre de composantes principales correspondant au nombre de facettes du construit étudié, nous avons utilisé l'analyse en composantes principales comme méthode de réduction de données en un nombre de facteurs plus restreint expliquant une grande part de la variance des variables de départ.

L'analyse factorielle a permis de condenser les diverses caractéristiques du travail en six principaux facteurs de l'(in)satisfaction au travail autour desquels s'organisent tous les autres. La mise en relation avec les différentes caractéristiques individuelles et statutaires permet de déterminer les véritables variables socio-professionnelles prédictives de la satisfaction professionnelle des professeurs congolais.

6.1. Examen du questionnaire et structure factorielle

Pour approfondir nos résultats, il nous était indispensable de condenser les caractéristiques du travail. Deux règles apparaissent fréquemment dans les travaux de validation de questionnaires à échelles multiples. Elles reposent sur l'importance des variables initiales dans la formation des facteurs. Il fallait procéder soit par :
- L'élimination des items ayant des contributions supérieures à 0.30 sur plusieurs facteurs, ou aucune contribution atteignant ce seuil sur l'un des facteurs principaux retenus.
- L'élimination des items n'ayant aucune contribution supérieure ou égale à 0.50 sur l'une des composantes principales identifiées.

En fonction des résultats de l'analyse en composantes principales lors de la première itération que l'une des deux options a été choisie sans préférence a priori. A partir du choix effectué, il faut que chaque item d'une échelle soit corrélé avec un seul et même facteur. Etant donné que plusieurs items avaient des contributions élevées sur plusieurs facteurs, nous avons choisi de procéder à une rotation orthogonale avant de prendre la décision d'éliminer ces énoncés. Après la rotation, les items ayant des contributions élevées sur des facteurs auxquels ils n'étaient pas rattachés initialement, devaient être « re-affectés », alors que ceux qui ont des contributions faibles ou multiples devaient être supprimés. La première rotation orthogonale de 69 variables avec 5 facteurs n'a pas produit une structure factorielle claire en raison de nombreux items qui avaient des contributions élevées sur plusieurs facteurs (> .30).

Nous avons effectué l'analyse factorielle avec la méthode des composantes principales et l'optimisation des pondérations a été obtenue avec la rotation varimax. La rotation orthogonale la plus satisfaisante dans notre analyse factorielle est celle à 6 caractéristiques qui déterminent les résultats affectifs de type satisfaction ou insatisfaction. La variance expliquée de ces 6 composantes principales est de 35.72 %.

Le tableau ci-après rapporte les coefficients de saturation de 69 variables pour chaque facteur, en particulier ceux en « italique » sont significatifs et discriminants pour chacun des facteurs ; par contre, la colonne R^2 permet d'apprécier le pourcentage de la variance de chaque item expliquée par les six facteurs. Les variables sont indiquées par le numéro original de la question selon le questionnaire reporté en annexe.

Tableau 34 : Analyse factorielle du questionnaire avec 6 facteurs rotatifs après rotation varimax

VARIABLES	1	2	3	4	5	6	R²
Question 5	.105	*.480*	.047	-.043	.156	-.027	.27
Question 6.1	*.559*	.063	.036	-.244	.115	-.037	.39
Question 6.2	*.631*	.002	.110	-.080	.191	.020	.45
Question 6.3	*.651*	.003	.143	-.154	.084	.038	.46
Question 6.4	*.654*	.015	.056	-.233	.102	.017	.49
Question 6.5	*.619*	.001	.039	-.271	.130	.107	.49
Question 6.6	*.657*	.073	.106	-.197	.051	.015	.49
Question 6.7	*-.628*	-.091	-.007	.022	-.010	.034	.40
Question 6.8	*-.537*	-.052	.134	-.080	.010	.061	.32
Question 7.1	.236	.107	.057	*-.390*	-.058	.120	.24
Question 7.2	.257	.112	.051	*-.570*	-.113	.065	.42
Question 7.3	.316	-.077	.070	*-.679*	.025	.132	.59
Question 7.4	.315	-.015	.035	*-.707*	.000	.137	.62
Question 7.5	.387	-.022	.046	*-.620*	.008	.094	.55
Question 7.6	.226	-.089	-.050	*-.539*	-.053	.069	.36
Question 7.7	*.330*	.051	-.121	-.240	-.143	.023	.20
Question 7.8	*.415*	-.010	-.060	-.386	.001	.045	.33
Question 7.9	*.305*	-.075	-.002	*-.401*	.041	.048	.26
Question 8	.023	*.523*	-.009	.068	.008	.009	.28
Question 9	-.010	*.353*	-.061	-.056	-.85	.030	.14
Question 10	-.081	.064	.049	*-.496*	.251	.053	.32
Question 11	-.085	.203	.057	*-.344*	.292	-.017	.26
Question 13	.047	*.426*	.004	.084	-.018	.112	.20
Question 14	.008	-.074	-.173	*.620*	-.153	.020	.44
Question 15	-.024	-.126	-.107	*.573*	-.091	-.001	.36
Question 16	-.095	.027	-.038	*.373*	-.116	.015	.16
Question 17	-.171	-.331	-.017	.223	-.294	.044	.28
Question 18	-.133	.331	-.129	.157	-.394	.134	.34
Question 19	.065	.104	.026	-.093	*.599*	.169	.41
Question 20	.087	.032	-.052	.078	*.424*	.199	.24
Question 21	.086	.088	-.080	.119	*.321*	.273	.21
Question 22	-.019	.153	.016	-.066	*.416*	.050	.20
Question 23	.014	-.152	.082	-.040	*.482*	.061	.27
Question 24	.139	-.164	.162	-.179	*.644*	.013	.52
Question 25	.006	*.344*	-.113	.065	.137	-.027	.15
Question 26	.139	.063	-.040	.093	.290	*.581*	.45
Question 28	.147	-.012	.030	.129	.339	*.558*	.46
Question 29	.098	-.061	.034	-.018	.036	*.517*	.28
Question 30	*.482*	.057	.153	.019	.090	.172	.30

Question 31.1	-.019	.047	.120	-.186	-.045	*.551*	.36
Question 31.2	.006	.209	.098	-.188	.118	*.589*	.45
Question 31.3	-.008	.119	-.015	-.140	.083	*.415*	.21
Question 31.4	-.064	.312	.007	-.207	-.115	*.357*	.28
Question 31.5	-.051	*.371*	-.014	.074	-.180	.152	.20
Question 32	.050	.342	.077	-.143	*.354*	.067	.27
Question 34.1	*.447*	.236	.326	.008	.055	.195	.40
Question 34.2	.378	.143	*.384*	.309	.043	.138	.43
Question 34.3	.077	-.029	*.660*	-.106	.209	.094	.51
Question 34.4	.114	-.024	*.696*	-.068	.157	.091	.53
Question 34.5	.042	.031	*.675*	.028	-.031	.033	.46
Question 34.6	*.524*	.124	.272	-.231	-.059	.166	.45
Question 34.7	*.533*	.114	.381	-.222	-.041	.128	.51
Question 34.8	*.564*	.125	.410	-.212	-.063	.120	.57
Question 34.9	.066	.006	.424	-.078	-.004	.141	.21
Question 35.1	.069	*.428*	-.153	.124	-.084	.114	.25
Question 35.2	.177	*.381*	.044	-.143	.129	.071	.22
Question 35.3	.059	.078	.283	-.010	.140	*.564*	.43
Question 35.4	.065	.055	.292	.054	.076	*.564*	.42
Question 35.5	.026	-.005	.309	-.122	-.090	*.574*	.45
Question 35.6	*.387*	.064	.414	-.200	.038	*.298*	.46
Question 35.7	.125	*.459*	.050	-.082	-.149	*.356*	.38
Question 35.8	.049	*.651*	.011	-.093	.050	.052	.44
Question 36.1	.073	*.460*	.104	-.037	.010	.027	.23
Question 36.2	.090	-.083	*.464*	-.184	.271	.039	.34
Question 36.3	.051	*.456*	.256	-.265	.005	.069	.35
Question 36.4	.049	*.498*	.026	.101	-.061	-.066	.27
Question 36.5	-.068	*.515*	.080	-.199	.106	-.048	.33
Question 36.6	.067	.038	*.554*	.016	-.107	.102	.34
Question 36.7	.101	*.345*	.165	-.162	.181	.152	.24
Variance expliquée	8.5%	5.74%	5.18%	7.05%	4.02%	5.23%	35.72%

L'analyse factorielle a permis de dégager six principales sources de l'(in)satisfaction professionnelle des professeurs congolais qui se présentent de la manière suivante :

Tableau 35 : Structure factorielle

FACTEURS	N. IT.	M. EC	SIGM	M.IT.	SIGM	ALPHA
Relations avec les élèves	17	67.1	8.34	4.05	.923	.841
Considération sociale	11	24.7	5.32	2.24	1.186	.51
Culture personnelle	6	25.5	2.34	4.26	.618	.71
Salaire	12	33.02	7.05	2.75	1.383	.59
Travail bon et intéressant	7	30.80	3.67	4.40	1.081	.50
Relations avec la dir. + col	12	48.04	4.84	4.00	1.031	.50

(N. IT = nombre d'items ; M.EC. = moyenne de l'échelle ; Sigm (sigma) = écart-type de l'échelle ; M.IT = moyenne des items ; Sigm (sigma) = écart-type des items)

Les questions mesurant la satisfaction professionnelle des professeurs ont été élaborées en référence au questionnaire de Larouche (1972) et de Roussel (1996). Sur base d'analyses factorielles, les items ont été regroupés en 6 composantes couvrant différentes caractéristiques du métier. Ces composantes sont les plus susceptibles d'avoir un effet prononcé sur le vécu émotionnel des professeurs, autrement dit, elles sont les plus susceptibles d'être déterminantes pour l'engagement et l'implication professionnelle et pour la qualité de l'enseignement.

Parmi ces facteurs, quatre sont positivement et significativement corrélés à la satisfaction (relations sociales, culture personnelle, nature du travail même) et deux facteurs sont négativement et significativement corrélés à la satisfaction au travail. Les six variables ont la part de variance expliquée dans les résultats la plus importante, soit 35.72 %.

6.1.1. Les relations avec les élèves

L'analyse a mis en avant les comportements et les attitudes favorables des élèves et les items ont été regroupés en une catégorie dénommée : relations avec les élèves. Ce premier facteur qui concerne le climat et la vie de classe, les relations avec les élèves qui constituent la source la plus importante de la satisfaction des professeurs. Il explique 8.5 % de la variance observée et rassemble les questions 6 (toutes), 7 (7, 8 et 9), 30 ; 34 (1, 6, 7 et 8) et 35 (6).

Au total, la satisfaction à l'égard des relations avec les élèves concerne 17 items avec l'alpha de Cronbach est de .84.

La qualité des relations en classe répond aux attentes des professeurs qui en éprouvent une très grande satisfaction. A travers la motivation des élèves en classe, leur intérêt porté aux matières, la discipline en classe et au sein de l'établissement, leur respect et leur assiduité, il se dégage que l'attitude et le comportement des élèves à l'égard des professeurs et de la scolarité constituent la source principale de la satisfaction des professeurs.

Pour Phi Delta Kappan (1980), les bonnes relations entre les enseignants et les élèves favorisent la réussite scolaire, parce que le moral des enseignants et des élèves du primaire et du secondaire est en corrélation positive avec la réussite scolaire.

Les femmes sont plus satisfaites des relations avec les élèves, mais également les jeunes professeurs de 30 à 39 ans, notamment ceux des quartiers pauvres semblent plus satisfaits du vécu quotidien en classe.

6.1.2. La considération sociale

La perception de la considération sociale explique 5.74 % de la variance et concerne 11 questions suivantes : les questions 5 ; 8 ; 9 ; 13 ; 25 ; 31 (5) ; 35 (1, 2, 7 et 8) ; 36 (1, 3, 4, 5 et 7) et l'alpha est égal à .51. La moyenne générale est 2.24, ce qui signifie que les professeurs perçoivent que la reconnaissance qui leur est due est en deçà de la mission qu'ils accomplissent. Ils sont insatisfaits d'être moins bien considérés dans la société.

Le travail est devenu le lieu central de la quête de la nouvelle identité et de la réalisation personnelle. Le rapport au travail prend son ancrage, au plan de l'expérience sociale, dans trois champs de l'expression : « avoir un travail » c'est-à-dire avoir des moyens pour se réaliser, « avoir un statut social » et « avoir un savoir reconnu et des tâches valorisées ».

La reconnaissance sociale est ainsi portée avant tout par le statut social de professeur, longuement formé pour exercer une activité professionnelle reconnue et valorisée. Il aimerait vivre un sentiment de continuité biographique assuré par une cohérence entre la trajectoire sociale et le niveau d'aspiration. Pourtant, les enseignants se rendent comptent que leur identité virtuelle n'est pas suffisamment reconnue. Les représentations du métier sont organisées autour d'une image individuelle et sociale dévalorisée. Pour Lautier (2001), une identité insatisfaisante entraîne des stratégies de sortie du groupe par la reconversion ou la mobilité professionnelle ou des montages adaptatifs pour échapper à la destruction de leur identité dans un métier jugé ingrat. D'autres s'engagent dans des stratégies collectives pour la revalorisation des statuts, l'amélioration des conditions ou par des créativités sociales au sein des établissements (Wood, 1993).

Les professeurs dont l'ancienneté dépasse les 21 ans de service sont les plus insatisfaits du déclin statutaire et de leur place dans la société actuelle.

6.1.3. *La culture personnelle*

Concourent en faveur du facteur dit de culture personnelle les questions 34 (2, 3, 4, 5) et 36 (2 et 6) dont l'alpha est .71. Le facteur de la culture personnelle explique 5.18 % de la variabilité totale des données.

La satisfaction à l'égard de la culture personnelle, en termes de développement des compétences pédagogiques découle de la satisfaction concernant l'autonomie de travail, la transmission des savoirs, la variété des contenus de travail et de l'organisation du temps de travail. L'autonomie de travail et la variété des contenus ont une influence forte sur la satisfaction par rapport à la culture personnelle. En effet, préparer le cours et enseigner obligent à mettre au clair ses propres connaissances, on devient plus attentif aux détails et à l'articulation logique des matières. Atteindre les élèves, c'est aussi s'atteindre soi-même. L'effet « boomerang » de l'enseignement consiste à apprendre deux fois, à enrichir et à accroître quotidiennement son capital culturel. Plus les professeurs jouissent de l'autonomie dans la préparation des contenus variés à enseigner, plus ils s'en instruisent et plus ils sont satisfaits. Nous sommes au cœur de l'exercice même du métier d'enseignant.

Les femmes, les professeurs de longue expérience professionnelle (plus de 21 ans) et les professeurs stables sont plus satisfaits de l'effet boomerang de leur métier.

6.1.4. Le salaire

Le facteur financier explique 7.05 % de la variabilité totale à partir des questions 7 (1, 2, 3, 4, 5, 6, 9) ; 10 ; 11 ; 14 ; 15 ; 16. La moyenne générale de toutes ces questions est de 2.75, ce qui signifie que les professeurs perçoivent qu'ils sont très insatisfaits de leur rétribution. Pour un ensemble de 12 items, l'alpha de Cronbach est égal à .59. L'insatisfaction est ici fondée sur des variables relatives à la pénibilité du travail et à la rémunération elle-même, c'est-à-dire au salaire octroyé par le gouvernement. Cet aspect financier a donc une très forte influence sur la satisfaction professionnelle : plus le salaire se dégrade, plus l'insatisfaction augmente. Les attentes des professeurs sont grandes en ce domaine, mais le salaire réel est jugé trop bas.

En effet, le gouvernement exige des professeurs un niveau de qualification universitaire élevé, c'est au terme d'énormes sacrifices financiers que les candidats accèdent au poste d'enseignant. La différence entre ce qu'ils doivent faire pour former des jeunes, avenir de notre pays et ce qui leur est offert matériellement et financièrement a une très forte incidence sur leur satisfaction. Les professeurs ayant un niveau de formation élevé sont plus insatisfaits que les jeunes n'ayant qu'un diplôme de fin du secondaire.

D'autre part, nous rejoignons ici la thèse de Herzberg (1957) contre Taylor, qui a classé la rémunération parmi les facteurs d'insatisfaction. Néanmoins, pour Roussel (1996), plus les gens sont satisfaits de la rémunération fixe, mesurée par l'équité interne et externe, plus ils sont satisfaits de leur emploi et vice-versa.

6.1.5. *Le travail bon et intéressant*

Ce facteur explique 4.02 % de la variance totale et comprend les questions 19 ; 20 ; 21 ; 22 ; 23 ; 24 et 32. L'alpha est de .50. La moyenne globale de toutes ces questions est de 4.40, ce qui signifie que les professeurs se perçoivent comme étant très satisfaits de l'exercice du métier lui-même. Leur contenu de travail est bon et intéressant, ce sont plutôt les conditions de travail qui sont problématiques.

La satisfaction à l'égard du métier d'enseignant concerne l'intérêt pour le travail, son utilité et sa capacité d'épanouir. Ce qui rend intéressant, épanouissant et utile ce travail d'enseignant, c'est justement les bonnes relations humaines à l'école avec les élèves, les collègues et les autorités scolaires. Malgré les conditions difficiles, plusieurs professeurs savent encore apprécier la nature même de leur emploi qui ne les épargne pourtant pas des détresses psychologiques. Maroy (2002) dégage de son étude que malgré quelques difficultés, plusieurs enseignants sont prêts à refaire le choix de ce métier noble.

Il ressort ici aussi que selon le sexe, les femmes, selon l'expérience professionnelle, les professeurs ayant plus de 21 ans et selon la mobilité, les professeurs plutôt stables sont tous satisfaits de la nature même du travail d'enseignant.

6.1.6. Les relations avec la direction et les autres professeurs

Parmi les variables liées à l'établissement, un prédicteur important, indépendant des caractéristiques des élèves, est relatif à l'état des relations avec le chef d'établissement et avec les autres professeurs. Le modèle de régression explique 5.23 % de la variance observée et comprend les items 26 ; 28 ; 29 ; 31 (1, 2, 3, 4) et 35 (3, 4, 5, 6 et 7). La moyenne de toutes ces questions étant de 4.0, nous pouvons dire les professeurs sont très satisfaits de la qualité des relations professionnelles. Pour 12 items au total, l'alpha de Cronbach est de .50.

Les relations professionnelles caractérisent le climat même dans l'établissement et exercent donc une influence forte sur la satisfaction au travail au sein de l'établissement scolaire. Les professeurs reconnaissent non seulement la qualité des relations, mais aussi le soutien qu'apportent les collègues, le syndicat et la direction. S'il est un aspect de la réalité du travail qui exerce une influence significative sur la façon dont les enseignants se sentent et s'engagent dans leur travail et qui, par conséquent, a un impact majeur sur l'efficacité de l'établissement, c'est bien le climat de travail. C'est dans le climat de travail que nous retrouvons toute la dimension émotive et affective de la vie au travail. Il s'agit en somme de la perception forte de la relation vécue entre les acteurs dans un environnement socio-éducatif favorable.

La satisfaction au travail exprimée par les professeurs est leur évaluation de l'établissement fondée sur une interaction entre l'environnement de travail et les valeurs et besoins de chacun. Plus les comportements des collègues et des chefs d'établissement sont soutenants, valorisants et encourageants, plus les professeurs sont satisfaits (Brunet, 2001). Phi Delta Kappan (1980), les bonnes relations professionnelles constituent une source importante de la satisfaction et ont un impact positif sur les résultats des élèves. Savoie (1993) reconnaît le climat de l'école comme une source puissante d'influence sur le développement humain et l'apprentissage. Plusieurs autres études soulignent l'influence qu'exerce le comportement du directeur sur le climat de travail et sur la satisfaction des enseignants (Charlot et Emin, 1997 ; Friedman, 1991).

Les femmes sont plus satisfaites des relations avec les autres professeurs et avec la direction, mais aussi les professeurs ayant une expérience professionnelle de plus de 21 ans et les professeurs stables dans les établissements. On pouvait penser que les femmes, moins bien situées dans cette catégorie professionnelle, entretiendraient avec leur travail un rapport moins heureux que les hommes, on s'aperçoit que les femmes prennent davantage en compte l'attention qui leur est portée en tant que personne.

Pour nous résumer, nous pouvons regrouper les différents aspects de la satisfaction en deux grands groupes :

- La satisfaction à l'égard du climat de travail au sein de l'établissement : bonnes relations avec les élèves en classe : 17 items et alpha = .84 ; relations avec les collègues et les directeurs : 12 items et alpha = .50.
- La satisfaction à l'égard de l'exercice du métier lui-même : travail utile et intéressant : 7 items et alpha = .50 ; travail enrichissant : 6 items et alpha = .71.
- L'insatisfaction concerne : le statut social : 11 items et alpha = .51 ; la rémunération : 12 items avec un alpha = .59.

6.2. Satisfaction globale au travail d'enseignant

L'analyse approfondie que nous venons de montre que les sources de satisfaction des professeurs sont constituées de différents motivateurs liés à 4 aspects suivants : relations avec les élèves, culture personnelle ou développement des compétences, travail autonome utile et intéressant et relations avec les collègues et les équipes de direction.

Il reste à vérifier l'impact des variables personnelles sur la satisfaction. Avant d'y arriver, nous allons vérifier si l'ensemble des sentiments des professeurs à l'égard de leur travail est tel que les professeurs affectivement satisfaits et attachés désirent rester dans le métier. Autrement dit, en considérant le désir de rester comme un meilleur prédicteur de la satisfaction et l'intention de quitter comme un meilleur indicateur de l'insatisfaction, nous pouvons évaluer le niveau de satisfaction et de l'insatisfaction générale des professeurs.

6.2.1. Degré de satisfaction globale au travail

Le tableau ci-dessous présente les résultats à la question importante de savoir si les professeurs souhaitent :
(a) *continuer d'enseigner dans la même école,*
(b) *changer d'école ou alors*
(c) *quitter l'enseignement.*
Les réponses se répartissent comme suit :

Tableau 36 : Satisfaction au travail et *souhait* de rester ou de quitter l'enseignement

VARIABLES	GR	N	M	σ	dll	F	P
Les relations avec les élèves	1	243	4.14	.42	1/959	53.64	.001
	2	718	3.88	.50			
La considération sociale	1	243	2.46	.48	1/959	68.22	.001
	2	718	2.17	.46			
La culture personnelle	1	243	4.37	.37	1/959	27.76	.001
	2	718	4.22	.39			
L'insatisfaction pour le Salaire	1	243	2.83	.58	1/959	47.84	.001
	2	718	2.43	.55			
Le travail utile et intéressant	1	243	4.58	.41	1/959	41.60	.001
	2	718	4.34	.54			
Les relations avec la direction et les collègues	1	243	4.17	.39	1/959	61.09	.001
	2	718	3.95	.39			

1 = les professeurs veulent *rester* à leur poste. 2 = les professeurs veulent *quitter* le métier.

L'hypothèse de nullité est rejetée dans ce cas de figure au risque de .001 %. Les différences entre les moyennes obtenues des professeurs désireux de rester à leur poste et des professeurs qui souhaitant quitter l'enseignement sont très significatives par rapport à chacune des six facteurs retenus. La proportion des professeurs qui souhaiteraient quitter l'enseignement est très importante, c'est-à-dire les trois quarts. Ils sont légèrement moins satisfaits de leurs relations avec les élèves, très insatisfaits de leur statut social et de la considération due, insatisfaits de la rétribution et moins satisfaits des relations avec les collègues et les équipes de direction.

Parmi les raisons qui incitent à changer de profession, les professeurs considèrent que leur profession est mal rémunérée (97.5 %), déconsidérée par la société (93.1 %) et que les conditions d'emploi sont très précaires (82 %). Les enseignants sont découragés par le déclin du statut d'enseignant, les bas salaires et par les conditions d'emploi plutôt précaires. Les raisons de rester sont, bien entendu, exprimées dans les 6 dimensions de satisfaction. Les résultats concernant le profil moyen de satisfaction des professeurs au travail nous renvoient une image globalement négative au regard du prédicteur principal, le désir de rester. Massivement les professeurs expriment l'intention de quitter. Pour tous ceux-ci, c'est le coût d'un éventuel départ et le manque d'alternatives qui justifient encore leur présence dans l'enseignement, leur implication ne peut être que calculée, dosée. Pour un tiers seulement, les résultats montrent, en termes d'attitudes, des relations positives et significatives avec la satisfaction et l'implication affective ou l'intention de rester.

Dans la section suivante, nous allons à présent mesurer les effets liés aux caractéristiques individuelles sur la satisfaction professionnelles déclarée.

6.2.2. Satisfaction au travail et caractéristiques personnelles

Nous avions déjà résumé toutes les distributions à l'aide des moyennes et des écarts-types et nous avons procédé au calcul de différentes sources de variation, nous pouvons maintenant comparer les moyennes de chaque facteur de satisfaction en considérant la statistique F et sa probabilité. Cette probabilité de F nous permet de prendre la décision statistique qui s'impose.

6.2.2.1. Satisfaction globale selon le sexe

Pour la variable « sexe », nous acceptons l'hypothèse alternative, car au risque d'erreur consenti de .001% la différence des moyennes observée entre les hommes et les femmes pour les six facteurs de l'(in)satisfaction est très significative. La variable indépendante « sexe », tel que cela ressort dans le tableau ci-dessous, influe sur la satisfaction au travail pour les six dimensions que nous avons dégagées. On note que les femmes sont légèrement plus nombreuses que les hommes à éprouver du plaisir dans l'aspect relationnel du métier. Elles privilégient le travail avec les élèves, mais aussi les bonnes relations professionnelles dans ce métier qui prolonge la mission de socialiser, éduquer, instruire et préparer les jeunes à l'exercice d'une profession.

Tableau 37 : Satisfaction globale selon le sexe

VARIABLES	SEXE	N	M	σ	ddl	F	P
Les relations avec les élèves	M	777	3.91	.51	1/959	16.17	.001
	F	184	4.08	.38			
La considération sociale	M	777	2.22	.50	1/959	14.15	.001
	F	184	2.37	.41			
La culture personnelle	M	777	4.23	.40	1/959	18.23	.001
	F	184	4.37	.33			
L'insatisfaction pour le Salaire	M	777	2.85	.55	1/959	117.57	.001
	F	184	2.35	.58			
Le travail utile et intéressant	M	777	4.36	.54	1/959	21.14	.001
	F	184	4.56	.39			
Les relations avec la direction et les collègues	M	777	3.95	.40	1/959	89.39	.001
	F	184	4.24	.31			

Il y a comme une centration, chez la femme, sur le rôle « d'éducateur », ceci d'autant que la femme semble apprécier davantage ce « métier d'humains » et ce qu'elle y apprend. Il existe donc bien, sous les convergences de surface, des attitudes caractéristiques des hommes et des femmes en matière de satisfaction au travail.

6.2.2.2. Satisfaction globale selon l'âge des professeurs

Il se dégage du tableau ci-dessous que seules les différences des moyennes de satisfaction des différentes classes d'âge des professeurs concernant « les relations avec les élèves » sont significatives au risque de 2 %. Bien que nous ayons apporté la preuve d'une différence significative entre les moyennes pour ce facteur, cette différence n'est pas générale et ne résulte pas d'une hiérarchie absolue entre les moyennes. Il nous a paru nécessaire de compléter cette première analyse par la comparaison des moyennes des classes d'âge deux à deux, notamment des 3 dernières classes. Il s'est révélé que seule la différence des moyennes du groupe 2 et 4 (2 / 4) est très significative. Autrement dit, entre les professeurs âgés de 30 à 39 ans et ceux âgés de plus de 50 ans, la différence de satisfaction pour les relations avec les élèves est très significative. Au début de leur carrière, les professeurs sont souvent si soucieux de se faire accepter par les élèves qu'ils privilégient la relation. Pour les catégories 2/ 3 et 3/ 4, il n'y a pas de différence.

En considérant la variable dépendante « considération sociale », l'analyse de la variance révèle une différence très significative au seuil de .01%. De l'analyse de cette différence entre les classes d'âge, il se dégage qu'entre les professeurs de 20 à 29 ans et ceux de 40 à 49 ans, la différence est plutôt significative. Par contre, entre les professeurs de la trentaine et ceux de la quarantaine d'âge, puis ceux de la quarantaine et ceux de plus de 50 ans, la différence est très significative.

Le croisement de différentes classes d'âge avec la culture personnelle ne nous donne aucune association significative. Les moyennes ne sont pas significatives. On admet l'hypothèse que quel que soit l'âge, la satisfaction pour la culture personnelle est unanime, ainsi que cela apparaît dans le tableau ci-dessous.

Tableau 38 : Satisfaction globale au travail selon l'âge

VARIABLES	GROU	N	M	σ	ddl	F	P
Les relations avec les élèves	1	25	3.861	.565	3/957	3.22	.02
	2	287	4.006	.463			
	3	507	3.940	.497			
	4	142	3.858	.498			
La considération sociale	1	25	2.407	.455	3/957	6.33	.0003
	2	287	2.314	.502			
	3	507	2.183	.469			
	4	142	2.300	.473			
La culture personnelle	1	25	4.173	.287	3/957	.43	.75
	2	287	4.259	.382			
	3	507	4.261	.410			
	4	142	4.249	.355			
L'insatisfaction pour le Salaire	1	25	2.810	.539	3/957	1.25	.29
	2	287	2.801	.584			
	3	507	2.735	.597			
	4	142	2.701	.567			
Le travail utile et intéressant	1	25	4.257	.456	3/957	1.43	.23
	2	287	4.368	.549			
	3	507	4.419	.529			
	4	142	4.446	.462			
Les relations avec la direction et les collègues	1	25	3.973	.404	3/957	.61	.61
	2	287	3.986	.411			
	3	507	4.005	.404			
	4	142	4.040	.385			

1 = (20 – 29 ans) ; 2 = (30 – 39 ans) ; 3 = (40 – 49 ans) ; 4 = (50 ans et plus).

Par rapport à la valeur de leur rémunération, l'analyse de la variance donne un seuil de probabilité d'acceptation de l'hypothèse nulle du F. Les différences observées entre les moyennes sont imputables, au risque de 5 %, au hasard de l'échantillonnage. Le complément d'analyse à l'aide des comparaisons des moyennes deux à deux ne révèle pas non plus de différence significative entre les classes d'âge. Il y a une grande convergence de sentiment d'insatisfaction par rapport au salaire chez les professeurs de tous les âges. Cette insatisfaction et la frustration qui en découle sont à la hauteur des attentes qui sont en très grand décalage avec la réalité vécue.

En ce qui concerne la nature du travail d'enseignant, les professeurs de tous âges sont unanimement satisfaits. Il n'y a pas de différence entre les moyennes de classes d'âge.

Au risque de 5 %, le seuil de probabilité de rejet de l'hypothèse nulle autorise d'accepter cette hypothèse : les moyennes sont certes différentes, mais ces différences sont dues aux fluctuations normales d'échantillonnage. Les professeurs interrogés estiment qu'ils exercent un emploi caractérisé par de bonnes relations professionnelles avec la direction scolaire et avec les collègues. Dans tous les groupes d'âge, les bonnes relations avec la direction et les collègues est un indicateur très important de la satisfaction au travail.

6.2.2.3 Satisfaction globale selon le niveau de formation

Dans le tableau de cette section, l'analyse des moyennes en rapport avec les relations avec les élèves nous permet d'accepter l'hypothèse de nullité au risque de 5 %. En effet, quelles que soient les différences des moyennes de différents niveaux d'études, tous les professeurs sont indistinctement satisfaits de leurs relations avec les élèves. Les universitaires et les diplômés de l'enseignement supérieur sont aussi satisfaits que les finalistes du secondaire de leurs relations avec les élèves. Ceci confirme l'idée que nos élèves ne constituent pas des groupes hostiles à affronter qui engendre le stress et une difficulté de travail.

Le seuil de probabilité de rejet de l'hypothèse nulle au risque de 0.1 % est confirmé, nous pouvons conclure qu'il existe une différence générale très significative entre les trois niveaux d'études pour ce qui est de la considération sociale. Au regard de la direction des deux variables, à savoir le niveau de formation et la considération perçue, la comparaison des moyennes indique que plus le niveau de formation est élevé, plus la considération sociale perçue par les professeurs est basse.

Au risque de 5 %, l'hypothèse de nullité est acceptée parce qu'il n'y a pas de différence significative entre les trois niveaux d'études en ce qui concerne la culture personnelle. Il reste maintenant à comparer deux à deux les moyennes des catégories du même facteur. La non différence se révèle de manière homogène entre les catégories « finalistes du secondaire et universitaires » et entre

« diplômés de l'enseignement supérieur et universitaires » pour la culture personnelle. Chacun tire profit selon son capital culturel.

    La satisfaction à l'égard de la rémunération est un facteur explicatif très important de l'(in)satisfaction au travail. Nos données calculées montrent combien l'insatisfaction à l'égard du salaire influence négativement l'attitude au travail. Nous pouvons à présent vérifier si le degré d'insatisfaction causée par le salaire varie ou non selon le diplôme. Il s'avère que la différence est très significative au seuil de 0.1 % et que l'hypothèse nulle est rejetée. En comparant les moyennes des trois niveaux d'études, la différence du degré d'insatisfaction est significative entre les diplômés du secondaire et les diplômés de l'enseignement supérieur. Cette différence est très significative entre les diplômés du secondaire et les universitaires, mais il n'y a pas de différence significative entre les diplômés de l'enseignement supérieur et les universitaires quant à la perception négative du salaire qu'ils reçoivent. Par rapport à la direction des deux variables, nous pouvons dire que plus le niveau de formation est élevé, plus l'insatisfaction pour le salaire est forte.

Tableau 39 : Satisfaction globale et niveaux d'études des professeurs

VARIABLES	GROU	N	M	σ	ddl	F	P
Les relations avec les élèves	1	23	3.877	.425	2/958	.78	.46
	2	343	3.925	.475			
	3	595	3.960	.502			
La considération sociale	1	23	2.553	.587	2/958	9.50	.00009
	2	343	2.301	.485			
	3	595	2.202	.471			
La culture personnelle	1	23	4.145	.384	2/958	2.64	.07
	2	343	4.228	.410			
	3	595	4.277	.378			
L'insatisfaction pour le Salaire	1	23	3.043	.492	2/958	4.60	.01
	2	343	2.790	.535			
	3	595	2.718	.615			
Le travail utile et intéressant	1	23	4.571	.371	2/958	2.36	.09
	2	343	4.362	.521			
	3	595	4.415	.530			
Les relations avec la direction et les collègues	1	23	3.993	.344	2/958	.23	.81
	2	343	3.992	.409			
	3	595	4.011	.402			

1 = diplômé du secondaire (A2 + D6), 2 = diplômé du supérieur (A1 = G3),
3 = diplômé d'enseignement supérieur et/ou universitaire (LA+L2).

Nous acceptons l'hypothèse nulle au risque de 5 % pour ce qui est de la nature du travail d'enseignant, car les moyennes obtenues ne se différencient pas. Une analyse affinée des catégories du même facteur montre qu'entre les catégories 1 et 2 puis 2 et 3, il n'y a pas de différence. Autrement dit, parmi les valeurs qui apparaissent expliquer de la façon la plus probante la satisfaction en emploi, l'importance accordée à la nature de cette activité professionnelle apparaît en première ligne pour tous les professeurs sans distinction de niveaux d'études. On le voit, la valeur du travail est un des prédicteurs importants de la satisfaction en emploi.

Au risque de 5 %, nous rejetons l'hypothèse de nullité, étant donné qu'il n'y a pas de différence entre tous les niveaux d'études par rapport aux relations avec la direction et les collègues. La non différence dans le degré de satisfaction est homogène chez tous les professeurs quant à la qualité des relations dans le travail.

6.22.4. Satisfaction globale et temps de travail hebdomadaire

Pour cette variable indépendante « temps de travail hebdomadaire », nous avons deux groupes : 1 = professeurs à temps partiel et 2 = professeurs à temps plein. L'hypothèse nulle est acceptée pour les variables dépendantes : relations avec les élèves, considération sociale, salaire, nature du travail et relations avec la direction et les collègues. Les différences des moyennes, dues aux variations normales de l'échantillonnage, ne sont pas significatives.

Tableau 40 : Satisfaction générale selon le temps de travail

VARIABLES	GROU	N	M	σ	Ddl	F	P
Les relations avec les élèves	1	108	3.97	.45	1/959	.22	N.S.
	2	853	3.94	.50			
La considération sociale	1	108	2.31	.45	1/959	2.34	N.S.
	2	853	2.24	.49			
La culture personnelle	1	108	4.32	.39	1/959	3.51	.001
	2	853	4.25	.39			
L'insatisfaction pour le Salaire	1	108	2.78	.52	1/959	.23	N.S
	2	853	2.75	.60			
Le travail utile et intéressant	1	108	4.42	.52	1/959	.24	N.S
	2	853	4.40	.52			
Les relations avec la direction et Les collègues	1	108	4.04	.36	1/959	.99	N.S
	2	853	4.00	.41			

1 = professeurs à temps partiel ; 2 = professeurs à temps plein.

Le facteur temps de travail n'influe que très peu sur la satisfaction au travail au regard de cinq de nos six facteurs. Mais pour la variable « culture personnelle », la différence est très significative entre les deux moyennes. Les professeurs à temps plein sont plus satisfaits de l'enrichissement intellectuel personnel.

6.2.2.5. Satisfaction globale et ancienneté professionnelle

Les analyses nous permettent de faire un pas en avant en abordant un autre croisement entre le niveau de satisfaction globale et l'ancienneté dans la profession enseignante.

Comme cela apparaît dans le tableau ci-dessous, l'analyse de la variance permet donc au seuil de 5 %, d'accepter l'hypothèse de nullité du fait que la différence est non significative. Cependant en analysant 2 à 2 les moyennes des groupes d'ancienneté de métier, nous constatons qu'il y a une différence significative entre les professeurs jeunes, c'est-à-dire ceux ayant plus ou moins dix ans d'expérience professionnelle et ceux qui ont une longue expérience de métier de plus ou moins 20 ans. Mais entre les professeurs ayant une ancienneté de plus de dix ans et ceux de plus de 21 ans de métier, la différence n'est pas significative. Nous pouvons conclure que plus l'expérience professionnelle est élevée, plus basse est la satisfaction perçue dans les relations avec les élèves.

Pour ce qui concerne la considération sociale, l'hypothèse de nullité est rejetée et nous pouvons donc conclure qu'une différence très significative existe entre les trois groupes de la variable « ancienneté de métier » pour ce qui est de la considération sociale. En comparant deux à deux les moyennes, nous obtenons qu'entre les professeurs ayant plus ou moins dix ans d'ancienneté et ceux ayant plus de dix ans d'expérience, la différence est très significative, alors qu'entre les deux derniers groupes, la différence est plutôt significative. Ici également, plus l'expérience du métier augmente, plus la considération perçue s'effrite.

Tableau 41 : Satisfaction globale et ancienneté de métier

VARIABLES	GROU	N	M	σ	ddl	F	P
Les relations avec les élèves	1	277	3.972	.501	2/958	2.29	.10
	2	464	3.959	.485			
	3	220	3.884	.485			
La considération sociale	1	277	2.336	.519	2/958	7.80	.0005
	2	464	2.192	.459			
	3	220	2.245	.472			
La culture personnelle	1	277	4.236	.395	2/958	.53	.60
	2	464	4.262	.408			
	3	220	4.270	.346			
L'insatisfaction pour le Salaire	1	277	2.903	.527	2/958	13.39	.00001
	2	464	2.685	.611			
	3	220	2.700	.577			
Le travail utile et intéressant	1	277	4.325	.562	2/958	4.07	.02
	2	464	4.437	.500			
	3	220	4.417	.519			
Les relations avec la direction et les collègues	1	277	3.956	.396	2/958	5.88	.003
	2	464	3.997	.412			
	3	220	4.079	.384			

1 = ancienneté de 1-10 ans ; 2 = ancienneté de 11-20 ans ; 3 = ancienneté de 21 ans et +

Concernant la culture personnelle, entre les trois groupes d'ancienneté, il n'y a pas de différence significative, l'hypothèse nulle est acceptée. Tous les professeurs, quelle que soit leur ancienneté, sont satisfaits de leur enrichissement intellectuel personnel dans l'acte d'enseigner.

Au seuil de 0.01 %, l'hypothèse nulle est rejetée. Les différences des moyennes entre groupes de professeurs selon l'ancienneté sont très significatives au regard du salaire perçu. Tous sont insatisfaits pour leur salaire, mais avec des différences très significatives selon le nombre d'années dans la profession. Entre l'ancienneté de métier et la rémunération, le rapport de croissance s'oppose.

Ici aussi, nous rejetons, au risque de .01 %, l'hypothèse de nullité puisque la différence est significative entre les trois catégories d'ancienneté dans la satisfaction par rapport à la nature même de l'emploi. Entre les professeurs ayant une expérience professionnelle de plus ou moins dix ans et ceux ayant plus de 20 ans, la différence est très significative, alors qu'entre les professeurs ayant plus ou moins 11 ans d'expérience et ceux ayant plus de 20 ans de métier, la différence est significative. L'expérience professionnelle influe sur la satisfaction par rapport à la nature même de l'emploi.

Par rapport aux relations avec la direction et les autres professeurs, l'hypothèse alternative est acceptable dans la mesure où la différence entre les moyennes est très significative au seuil de .01 %. Aussi entre les groupes 1 et 3 puis 2 et 3, les différences sont très significatives. En d'autres termes, les professeurs de plus ou moins 10 ans d'ancienneté ne sont pas satisfaits de la même façon que ceux de plus de 21 ans en ce qui concerne les relations professionnelles avec la direction et les collègues. Il en est de même entre les professeurs de 11 à 20 ans et ceux qui ont plus de 21 ans d'expérience professionnelle. Même si les enseignants sont considérés comme des travailleurs « avides » des relations humaines, les plus anciens ne recherchent plus ces relations avec la même avidité que les plus jeunes qui ont davantage besoin de soutien et d'approbation.

Nous passons à l'analyse de la variance et des moyennes des groupes de professeurs selon leur ancienneté dans les différents établissements où ils professent. Il convient de noter que les données de ces deux sections peuvent exprimer la même réalité si les professeurs ne changent pas d'école.

6.2.2.6. Satisfaction au travail et ancienneté dans l'établissement

Nous acceptons l'hypothèse de nullité au risque de 5 %, car la différence n'est pas significative. Cependant, en comparant les moyennes des groupes des professeurs 1 et 2, il se dégage une différence significative entre les professeurs de plus ou moins dix ans et ceux de plus de dix années d'expérience professionnelle dans la même école pour ce qui est de la satisfaction dans les relations avec les élèves.

En ce qui concerne la considération sociale des professeurs, nous rejetons l'hypothèse nulle au seuil de .01 %. Il y a une différence très significative entre les moyennes de trois groupes. La comparaison des moyennes des groupes montre aussi une différence très significative entre les groupes 1/2 et entre les groupes 2/3. L'expérience professionnelle prolongée dans un même établissement influe sur la considération sociale.

Tableau 42 : Satisfaction globale selon l'ancienneté dans l'établissement

VARIABLES	GROU	N	M	σ	ddl	F	P
Les relations avec les élèves	1	584	3.919	.506	2/958	2.25	.10
	2	314	3.986	.482			
	3	63	3.995	.350			
La considération sociale	1	584	2.273	.496	2/958	6.37	.002
	2	314	2.172	.456			
	3	63	2.358	.452			
La culture personnelle	1	584	4.244	.396	2/958	.77	.50
	2	314	4.278	.391			
	3	63	4.259	.336			
L'insatisfaction pour le Salaire	1	584	2.873	.553	2/958	34.35	.00001
	2	314	2.577	.596			
	3	63	2.499	.565			
Le travail utile et intéressant	1	584	4.335	.542	2/958	12.29	.00001
	2	314	4.486	.492			
	3	63	4.571	.419			
Les relations avec la direction et les collègues	1	584	3.954	.388	2/958	15.48	.00001
	2	314	4.056	.418			
	3	63	4.206	.372			

1 = ancienneté de 1-10 ans ; 2 = ancienneté de 11-20 ans ; 3 = ancienneté de 21 ans et +

Par rapport à la culture personnelle, nous acceptons l'hypothèse de nullité étant donné qu'il n'y a pas de différence significative entre les moyennes des trois groupes.

Quant au salaire, véritable facteur du malaise enseignant, c'est au risque de .01 % que nous concluons qu'il existe une différence générale très significative entre les trois groupes, notamment entre le groupe 1 et le groupe 2 et entre le groupe 1 et le groupe 3. L'insatisfaction des professeurs par rapport au salaire est fonction aussi de l'ancienneté dans l'établissement. L'importance du revenu semble s'accroître avec l'âge professionnel, la frustration s'alourdit à mesure que des années d'attentes s'accumulent dans le métier.

Nous rejetons ici aussi l'hypothèse nulle au seuil de .01 % pour ce qui regarde la nature même du métier d'enseignant. La différence est très significative entre les trois groupes : entre les groupes 1 / 2 et 1 / 3. Les professeurs sont satisfaits de la nature de leur emploi selon leur ancienneté dans l'établissement. Plus, ils sont satisfaits, plus ils se font stables et prolongent leur séjour dans un même établissement.

En considérant la satisfaction dans les relations que les professeurs entretiennent avec la direction et avec leurs collègues selon l'ancienneté dans les écoles, nous observons des différences très significatives entre tous les groupes au seuil de .001%. En effet, entre les jeunes professeurs de plus ou moins 10 ans d'ancienneté et les professeurs de plus de 11 ans de présence dans une même école, et entre ceux-ci et les professeurs de plus 21 ans d'ancienneté dans l'établissement, les différences des moyennes sont très significatives. Le support fourni par la direction et les collègues et l'ancienneté de métier sont corrélés très significativement et très positivement avec la satisfaction générale des professeurs à mesure que l'expérience professionnelle augmente dans le même établissement. La qualité des relations sous-tend la stabilité des professeurs dans un établissement.

6.2.2.7. Satisfaction globale et quartier d'implantation scolaire

Abordons à présent l'aspect environnement de l'école. Au regard des relations avec les élèves, au seuil de .001 %, la différence entre les moyennes des professeurs oeuvrant dans les trois quartiers est très significative. La dimension « relations avec les élèves » apparaît très significativement et positivement corrélée à la satisfaction globale des professeurs des différents quartiers. Cependant, la comparaison des moyennes, deux à deux, montre que les professeurs des quartiers riches sont significativement plus satisfaits que ceux des quartiers moyens, mais aussi que les professeurs des quartiers pauvres sont plus satisfaits que ceux des quartiers moyens. Le quartier moyen apparaît un point d'ancrage de la bonne attitude des élèves, plus on s'en éloigne, plus cette attitude se renforce. Les professeurs semblent rencontrer un peu plus d'élèves à l'attitude désirée dans les quartiers extrêmes.

Pour la considération sociale et la culture personnelle, la différence n'est pas significative. Par contre, la différence dans le degré d'insatisfaction relatif à la rémunération est significative au seuil de .05 % entre les professeurs des quartiers riches et ceux des quartiers moyens. Mais l'indice relatif à l'insatisfaction des professeurs des quartiers moyens et des quartiers pauvres n'est pas significatif. La tendance de certains professeurs à rechercher les établissements bourgeois a son revers, ainsi plus le quartier est riche, plus les professeurs perçoivent que leur salaire est bas et plus grande est l'insatisfaction.

La nature du travail ne donne pas non plus de différence significative. Les indices de satisfaction relatifs aux relations professionnelles avec la direction et avec les collègues sont significativement très différents : les professeurs des quartiers riches sont plus satisfaits de la qualité des relations professionnelles que les professeurs des quartiers restants. La différence entre les moyennes des quartiers est donc très significative. Plus le quartier est riche, plus la qualité perçue des relations professionnelles donne satisfaction, ainsi que cela apparaît dans le tableau ci-après.

Tableau 43 : Satisfaction globale selon les quartiers

VARIABLES	GROU	N	M	σ	ddl	F	P
	1	255	3.991	.525	2/958	7.36	.0007
Les relations avec	2	442	3.881	.485			
les élèves	3	264	4.010	.452			
	1	255	2.275	.456	2/958	.74	.50
La considération	2	442	2.240	.498			
sociale	3	264	2.225	.485			
	1	255	4.294	.380	2/958	1.74	.20
La culture	2	442	4.237	.397			
personnelle	3	264	4.252	.390			
	1	255	2.694	.670	2/958	3.04	.05
L'insatisfaction pour	2	442	2.801	.549			
le Salaire	3	264	2.725	.559			
	1	255	4.449	.517	2/958	1.62	.21
Le travail utile et	2	442	4.376	.547			
intéressant	3	264	4.393	.491			
	1	255	4.093	.376	2/958	8.74	.0002
Les relations avec la	2	442	3.973	.423			
direction	3	264	3.969	.382			
et les collègues							

1 = quartier riche ; 2 = quartier moyen ; 3 = quartier pauvre.

6.2.2.8. Satisfaction au travail et mobilité des professeurs

Nous pouvons à présent passer à l'analyse des résultats de la variable « mobilité professionnelle » pour voir si le fait de changer souvent d'écoles et le fait de rester longtemps dans la même école donnent des résultats significativement différents.

L'analyse des résultats montre que la différence dans le degré de satisfaction relatif aux relations avec les élèves est significative au seuil de .001 % entre les professeurs qui n'ont jamais changé d'école et les professeurs qui ont changé d'école 2 à 3 fois ; mais l'indice est très significativement différent entre les professeurs stables et ceux qui ont changé d'école 3 fois ou plus et entre ceux qui ont changé 2 à 3 fois et ceux qui ont changé plus de 3 fois. On le voit, plus on est on est satisfait de la qualité des relations avec ses élèves, plus on se stabilise professionnellement. En ce qui concerne la considération sociale, au seuil de .02 %, il se dégage aussi que les professeurs sont insatisfaits, mais les plus mobiles sont aussi les plus insatisfaits de la considération perçue.

Tableau 44 : Satisfaction globale selon la mobilité professionnelle

VARIABLES	GROU	N	M	σ	ddl	F	P
Les relations avec les élèves	1	254	4.035	.455	2/958	13.06	.00001
	2	477	3.961	.483			
	3	230	3.814	.518			
La considération sociale	1	254	2.307	.486	2/958	3.73	.02
	2	477	2.240	.470			
	3	230	2.188	.501			
La culture personnelle	1	254	4.268	.395	2/958	2.95	.05
	2	477	4.276	.373			
	3	230	4.202	.418			
L'insatisfaction pour le Salaire	1	254	2.736	.581	2/958	24.18	.00001
	2	477	2.653	.590			
	3	230	2.473	.531			
Le travail utile et intéressant	1	254	4.456	.496	2/958	5.36	.005
	2	477	4.416	.519			
	3	230	4.306	.556			
Les relations avec la direction et les collègues	1	254	4.031	.402	2/958	4.91	.008
	2	477	4.024	.404			
	3	230	3.932	.395			

1 = n'a jamais changé d'école ; 2 = a changé 2 à 3 fois ; 3 = a changé plus de 3 fois.

L'analyse des données concernant la culture personnelle indique, au seuil de .05 %, qu'entre les trois catégories, la différence est significative. La comparaison des moyennes des groupes fait sortir une différence significative entre les professeurs ayant changé d'école deux à trois fois et ceux qui ont changé plus de trois fois. La satisfaction pour la culture personnelle diminue à mesure que la mobilité augmente.

Par rapport au salaire, la différence est très significative entre les trois catégories, mais aussi entre les deux derniers groupes (2/3) : moins les professeurs sont satisfaits du salaire perçu, plus ils sont instables. Au seuil de .05 %, l'hypothèse nulle est rejetée, la différence entre les catégories pour la nature de la tâche est très significative. Entre les catégories 1/3 et 2/3, la différence est aussi très significative. Plus les professeurs sont stables, plus s'élève la satisfaction pour l'acte même d'enseigner.

La différence est plus nette encore s'agissant de la satisfaction à l'égard des relations professionnelles avec la direction et les collègues entre les professeurs stables ou plus ou moins stables et ceux plus instables. Ceux-ci sont moins satisfaits des relations professionnelles. En effet, le manque de stabilité, résultant d'un profond désir de changement de la part des enseignants empêche les professeurs de s'engager pleinement dans l'école, de tisser des liens durables avec d'autres partenaires. Par contre, plus les professeurs s'enracinent dans une école, plus ils sont satisfaits des relations qu'ils y tissent.

6.2.2.9. Satisfaction globale et profession du père

Dans cette dernière section, nous abordons la satisfaction en rapport avec l'origine sociale dans la mesure où ce métier est exercé par des acteurs sociaux d'origine sociale diverse avec une polarisation sur les strates sociales paysannes. La question est de savoir, comment, après avoir franchi le cap d'une sorte d'ascension sociale, l'enseignant vit ce qui peut sembler être un déclassement social. Nous avons fixé notre regard sur la profession « du chef de famille », notre variable « profession du père » se subdivise en quatre groupes.

Les conclusions de notre analyse de la variance ici montrent qu'il n'y a pas de différence significative entre les quatre groupes de professeurs en ce qui concerne les relations avec les élèves, la considération sociale et la nature du travail d'enseignant. Par contre, entre les quatre groupes, la différence est très significative en ce qui concerne la culture personnelle, notamment entre les professeurs dont les papas sont sans profession et ceux dont les papas sont des employés qualifiés. Entre les deux premières catégories, la différence n'est pas significative.

Tableau 45 : Satisfaction globale et profession du père

VARIABLES	GROU	N	M	σ	ddl	F	P
Les relations avec les élèves	1	551	3.928	.506	1/955	.93	.42
	2	169	3.986	.461			
	3	187	3.974	.464			
	4	49	3.908	.513			
La considération sociale	1	551	2.248	.502	1/955	.13	.96
	2	169	2.242	.443			
	3	187	2.223	.449			
	4	49	2.250	.486			
La culture personnelle	1	551	4.222	.402	1/955	3.81	.01
	2	169	4.273	.373			
	3	187	4.327	.374			
	4	49	4.299	.349			
L'insatisfaction pour le Salaire	1	551	2.826	.557	.1/955	12.26	.00001
	2	169	2.538	.604			
	3	187	2.693	.592			
	4	49	2.767	.659			
Le travail utile et intéressant	1	551	4.375	.531	1/955	1.39	.24
	2	169	4.404	.538			
	3	187	4.465	.493			
	4	49	4.405	.509			
Les relations avec la direction et les collègues	1	551	3.973	.410	1/955	3.29	.02
	2	169	4.061	.395			
	3	187	4.048	.373			
	4	49	3.946	.432			

1 = sans profession ; 2 = ouvrier ; 3 = employé qualifié ; 4 = cadre supérieur

Comme dans les analyses précédentes, au seuil de .001 %, la différence est très significative entre les moyennes de quatre groupes pour le facteur salaire, tous les professeurs sont très insatisfaits, mais diversement selon l'origine sociale respective. La comparaison des différents groupes 2 à 2 révèle qu'entre 1/2 ; 1/3 ; 2/3 et 2/4, la différence est très significative. Si le fils d'ouvrier est le plus insatisfait, le fils d'un papa sans profession est le moins insatisfait de tous.

La différence n'est pas significative entre toutes les catégories pour la nature du travail d'enseignant, mais la comparaison des moyennes deux à deux donne une différence significative entre les professeurs dont les pères sont sans profession et ceux dont les papas sont des employés qualifiés qui sont plus satisfaits du travail enseignant les premiers. Ce n'est pas le métier qui est ressenti comme difficile, mais les conditions d'exercice. Le métier est choisi en connaissance des contraintes fortes, mais les aléas ne sont pas compensés.

Pour les relations avec la direction et les autres professeurs, la différence est significative entre les quatre groupes. En comparant deux à deux les moyennes des groupes, nous pouvons relever une différence très significative entre les professeurs dont les pères sont sans profession et ceux dont les papas sont ouvriers. Ces derniers sont plus satisfaits des relations professionnelles. En outre, entre les professeurs dont les papas sont sans profession et ceux dont les pères sont des employés qualifiés, la différence est significative. Ces derniers sont légèrement plus satisfaits que les premiers.

Cette analyse croisée entre les six facteurs de l'(in)satisfaction globale avec les caractéristiques socio-démographiques et socio-professionnelles des professeurs permet de souligner que sur les six facteurs retenus, seuls quatre sont positivement et significativement reliés à la satisfaction générale au travail. Ces quatre facteurs (qualité des relations avec les élèves, les autres professeurs et les directeurs, la culture personnelle et la nature du travail) donnent un niveau de satisfaction générale très bas. Globalement donc, les professeurs congolais satisfaits au travail sont une minorité, qui éprouverait apparemment une satisfaction plutôt résignée. Nous reprenons ci-dessous tous les points saillants qui se sont dégagés de toute l'analyse.

6.3. Synthèse de l'impact des variables personnelles

Selon le sexe : les femmes sont plus satisfaites pour les indices concernant les relations avec les élèves (le test très significatif au seuil $p = .001$), la culture personnelle (le test est très significatif au seuil $p = .001$) ; le travail intéressant et utile (le test est très significatif au seuil $p = .001$) et pour les relations avec la direction et les collègues (le test est très significatif au seuil $p = .001$).

Selon l'âge : Les professeurs âgés de la trentaine (30-39) sont plus satisfaits des relations avec les élèves (le test est très significatif au seuil $p = .003$).

Selon l'ancienneté de métier : les professeurs plus jeunes ayant plus ou moins 10 ans sont un peu plus satisfaits pour les relations avec les élèves que de plus de 20 ans (le test est significatif au seuil $p = .05$), par contre, les professeurs ayant plus de 10 à 20 ans d'expérience sont plus satisfaits de leur travail (le test est significatif au seuil $p =$) que ceux de plus ou moins dix ans, et ceux de plus de 21 ans de métier sont plus satisfaits des relations avec la direction et les collègues (le test est significatif au seuil p = .001) les deux autres catégories.

Selon l'ancienneté à l'école : les professeurs de plus de 21 ans de profession dans le même établissement sont plus satisfaits pour les indices concernant le travail intéressant et utile (le test est très significatif au seuil p = .001) et pour les relations interpersonnelles avec la direction et les collègues (le test est très significatif au seuil p = .001).

Selon les quartiers où se trouvent les écoles : les professeurs des quartiers riches et pauvres sont plus satisfaits des relations avec les élèves (le test est très significatif au seuil p = .001) que ceux des quartiers moyens. Les professeurs des quartiers riches sont aussi plus satisfaits des relations avec la direction et les autres professeurs (le test est très significatif au seuil p = .001).

Selon la mobilité professionnelle : les professeurs stables sont plus satisfaits des relations avec les élèves (le test est très significatif au seuil p = .001), pour le travail bon et intéressant (le test est très satisfait au seuil p = .002) et pour les relations avec la direction et les collègues (le test est très significatif au seuil p = .007), ceux qui ont changé d'école 2 à 3 fois sont plus satisfaits pour la culture personnelle (le test est très significatif au seuil p = .004).

6.4. Discussion et interprétation des résultats

Pouvons-nous dire que notre échantillon est représentatif du personnel enseignant des écoles secondaire ? Pour y répondre relevons quelques éléments forts. Les hommes constituent les trois quarts de notre échantillon, ce qui correspond à la réalité des sexes dans l'ensemble de la profession enseignante. Tous les groupes d'âge, tous les niveaux de formation requis, etc. sont représentés : plus jeunes et plus âgés, moins qualifiés et plus qualifiés, moins expérimentés et très expérimentés, célibataires et mariés, sans et avec charge familiale, à temps partiel et à temps plein. Ceci rassure que les résultats traduisent l'expérience vécue de tous les enseignants de tous les quartiers, des écoles mixtes ou non mixtes, des écoles gérées par des religieux, des religieuses, des abbés et des laïcs, etc. Une forte proportion des professeurs a plus de dix ans d'expérience professionnelle, ce qui signifie que les évaluations qui nous ont été livrées représentent majoritairement celles qui prévalent parmi les plus anciens, mais elles sont largement partagées par les plus jeunes. Notre échantillon correspond à la réalité de l'ensemble de la population enseignante de l'enseignement secondaire de la ville (avec statut de province) de Kinshasa, tous réseaux confondus en termes de sexe, d'âge, de diplômes, de temps de travail, d'expérience professionnelle, de situation matrimoniale, etc.

Que pouvons-nous retenir de ces analyses cherchant à rendre compte de la variation de la satisfaction professionnelle ? Elles démontrent tout d'abord que les conditions concrètes dans lesquelles travaillent les professeurs ont bien un rôle clé dans l'explication. Cependant, dans cette « condition enseignante », ce ne sont pas les conditions matérielles qui jouent positivement pour le moment, ce sont essentiellement les caractéristiques relatives aux attitudes des élèves et à l'état des relations sociales au sein de l'établissement qui sont déterminantes pour la satisfaction des professeurs. La qualité des relations interpersonnelles au sein même de l'école, le climat bon constitue la source principale de la satisfaction des professeurs. En effet, l'activité de base à l'école est une relation humaine qui colore toute l'action d'une dimension affective et émotionnelle. En outre, les résultats de la recherche démontrent que le bon climat organisationnel sous-tend la croissance personnelle et favorise l'épanouissement et l'implication des professeurs au travail.

Les résultats montrent donc que plus les professeurs perçoivent des comportements positifs et valorisants de la direction, des collègues et surtout des élèves, plus ils sont satisfaits. Les effets relatifs aux perceptions des comportements valorisants, coopératifs et soutenants sont ainsi plus nets. Pelletier et al. (2002) disent que le soutien perçu de la part des collègues a des effets plus spécifiques, puisqu'il est positivement associé à la satisfaction au travail. Pour Good et Brophy (1986) et Brunet (2001), le comportement des chefs d'établissement influence de quelque manière le comportement des professeurs : plus le comportement du directeur est perçu comme positif, plus la satisfaction des enseignants par rapport au climat de travail sera élevée. D'autre part, plus les professeurs rapportent exercer leur métier pour l'intérêt d'apprendre à apprendre et pour les contacts avec les élèves (travail intéressant et utile qui permet d'aider les jeunes et d'enrichir ses connaissances), plus ils sont satisfaits (Phi Delta Kappan, 1980). Le climat de travail surtout, mais aussi le métier lui-même, la nature de la fonction qui implique un enrichissement personnel sont les deux sources fondamentales de la satisfaction des professeurs au travail.

Par contre, l'effondrement des conditions matérielles et le déclin statutaire qui s'en suit aggravent le malaise et encouragent diverses stratégies de désengagement conflictuel visant à échapper à la situation. D'où le pourcentage massif des souhaits de fuite du métier, même s'il reste difficile de concrétiser ces souhaits. Globalement, l'insatisfaction est forte, seul un quart de professeurs se disent satisfaits.

Quels sont les facteurs liés à la satisfaction au travail ? Quelques caractéristiques individuelles sont corrélées positivement avec la satisfaction : le sexe, l'âge, l'expérience professionnelle, l'environnement scolaire et la mobilité professionnelle. Ainsi, on peut noter que les femmes, qui ne représentent que le tiers de l'échantillon, affichent une légère avance et se montrent un peu plus satisfaites des relations interpersonnelles à l'école. Les professeurs âgés de 30 à 39 ans sont légèrement plus satisfaits des relations avec les élèves, tout comme les professeurs ayant plus ou moins dix années d'expérience professionnelle. Par contre, ceux qui ont plus de 20 années d'expérience sont plus satisfaits des relations avec la direction et les collègues. Selon les quartiers où se trouvent les écoles, les professeurs des quartiers riches et pauvres sont plus satisfaits des relations avec les élèves, alors que ceux des quartiers riches sont plus satisfaits des relations avec la direction et les autres professeurs. Selon la mobilité, les professeurs stables sont plus satisfaits des relations sociales à l'école.

Le niveau d'études, l'état matrimonial et l'origine sociale n'affectent pratiquement pas la satisfaction professionnelle, alors que le sexe, l'âge, l'ancienneté, la stabilité et le quartier où se trouve l'école ont un effet sur la satisfaction à l'égard des relations interpersonnelles à l'école. L'analyse de Mathieu et Zajac (1990) laisse apparaître plusieurs corrélations entre les variables personnelles, la satisfaction et l'implication au travail. Certaines caractéristiques personnelles serviraient d'antécédents à la satisfaction professionnelle.

Une première réflexion peut être faite à partir de ces résultats : nous pouvons avancer que les professeurs sont satisfaits des facteurs moins tangibles qui font partie de leur travail, à savoir la qualité des relations en classe et le niveau de confiance à l'école, l'enrichissement personnel et ce travail d'humain sur l'humain. Ils sont essentiellement satisfaits de l'ambiance, du climat de travail et des possibilités de développer leurs connaissances dans le travail. Les effets relatifs aux perceptions des comportements valorisants, stimulants, soutenants et coopératifs sont plus constants et plus nets. Nos résultats rejoignent ceux de Gaziel (1987) pour qui, la satisfaction des enseignants est principalement fonction de la considération donnée par le directeur et ensuite du moral au sein du groupe. Les conclusions de notre analyse corroborent aussi celles d'autres études menées dans d'autres pays sur la profession enseignante. Ainsi pour Frenay et Meuris (1995), King et Peart (1992) et Phi Delta Kappan (1980) et Holdaway (1978), les principales sources de la satisfaction professionnelle sont les relations humaines positives.

Une deuxième réflexion en découle : Plus encore, la satisfaction des professeurs à l'égard de l'emploi est d'abord fonction de ce qui se joue en classe avec les élèves. Nous rejoignons ici Maroy (2002) selon qui, l'essentiel de l'explication de la satisfaction se situe au niveau des relations sociales de travail en classe et au sein de l'établissement : ce qui se joue en classe comme ce qui se vit dans l'établissement constituent un facteur décisif pour la satisfaction des professeurs. Il y a bien un « effet classe et un effet établissement » sur la satisfaction des professeurs. Si dans le domaine de l'efficacité scolaire, certains ont pu relativiser l'effet établissement (Cousin, 1998), l'importance des relations sociales que nous venons de mettre en évidence souligne, par contre, que le bonheur d'un enseignant congolais dépend actuellement du bon climat travail au sein de l'établissement. Ces résultats suggèrent que les comportements des partenaires au sein de l'établissement constituent une voie d'intervention possible pour susciter et maintenir cette satisfaction intrinsèque au travail.

Une autre réflexion que nous faisons concerne le travail : en effet, pour tout homme, le travail rémunéré donne une capacité de pouvoir subvenir à ses besoins de base, mais surtout donne le pouvoir de consommation que l'argent procure et qui permet d'améliorer la qualité de vie. Chaque enseignant veut gagner sa vie, pouvoir l'organiser, la structurer en suivant le rythme de la société moderne, avoir un contrôle sur son existence dans ce monde où l'on associe régulièrement le revenu à une forme de. Or, la majorité des professeurs interrogés expriment un ressentiment profond et une frustration. Toutes les conditions au sein de l'établissement y sont, ce qui témoigne de la bonne satisfaction quant au milieu de travail. Ce degré de satisfaction est pourtant moindre par rapport à l'insatisfaction concernant les conditions financières et sociales, ce qui fait pencher la satisfaction globale vers un fort souhait de quitter l'enseignement. Plusieurs recherches montrent (Cohen, 1993) une relation négative entre l'intention de quitter et l'implication affective au travail. Un enseignant insatisfait choisit facilement de jouer plus un rôle passif. Il y a un lien entre l'insatisfaction et l'attitude négative au travail qui s'exprime par un manque d'enthousiasme, de vigueur et d'alignement stratégique au travail. Allen et Meyer (1990) parlent d'une implication calculée.

Pourtant, Heyneman (1986) montre dans ses travaux que, dans les pays pauvres, le facteur le plus déterminant pour l'apprentissage est la qualité des écoles et des professeurs. D'autres recherches (Borman et al. 2003 ; Wang, Haertel et Walberg, 1994 ; Bloom, 1979 ; Rosenshine, 1971) ont confirmé que l'école et plus particulièrement l'enseignant, de par la gestion de sa classe et de son enseignement, influence la qualité de l'apprentissage des élèves. Par conséquent, en améliorant le moral et les pratiques pédagogiques, on peut améliorer la qualité du rendement scolaire des élèves, parce que les pratiques enseignantes possèdent un pouvoir d'influence important sur la réussite et l'échec des élèves.

Les recherches sur le succès en enseignement suggèrent que les enseignants qui ont une attitude positive vis-à-vis de l'enseignement sont ceux dont les élèves ont le plus de succès. Par ailleurs, d'autres études montrent que la satisfaction au travail est fortement reliée au succès en enseignement (Brunet, 2001). Ce « plaisir résultant de l'accomplissement de sa tâcha » se traduit par un investissement psychologique important dans les activités requises par le travail (Thévenet, 2004).

Si les professeurs ont mission d'apprendre à apprendre, de consolider les acquis de base, de stimuler les habiletés intellectuelles supérieures et les habiletés affectives des élèves, ils ne peuvent y parvenir sans une réelle mobilisation et un vrai engagement. Ils atteindront les objectifs supérieurs s'ils ne communiquent pas le désintérêt, la résignation apprise, s'ils maintiennent des attitudes qui favorisent l'engagement cognitif des élèves.

Notre étude a montré que le niveau de satisfaction des professeurs est d'abord lié à la nature des tâches qui leur incombent, au développement des compétences et de la culture qu'ils en retirent, mais surtout à la perception des attitudes et comportements valorisants, soutenants et coopératifs chez les élèves, les collègues et les équipes de direction. Cet effet perçu paraît suffisamment important pour qu'il mérite d'être entretenu et accentué. L'activité de base étant la relation humaine marquée par une dimension cognitive et affective, la face et l'identité de l'enseignant y sont engagées. Le travail des enseignants est tout autant émotionnel qu'intellectuel, car il faut savoir mobiliser connaissances académiques, compétences pédagogiques et compétences relationnelles pour assurer des interactions rendant possibles de vrais apprentissages. Le métier d'enseignant demande une implication personnelle et morale importante, un sens des responsabilités et une conscience morale. De ce fait, les compétences à mobiliser ne sont plus seulement un composé de connaissances et d'habiletés professionnelles, mais aussi une capacité d'empathie et de relation.

Une meilleure connaissance des comportements en jeu et de leurs effets positifs ou négatifs potentiels pourrait aider les directions et les gestionnaires des écoles à réfléchir à leurs pratiques et à mieux réguler leur politique de gestion des ressources humaines. A l'heure où l'on parle beaucoup de l'identité professionnelle des enseignants ou de professionnalisation du métier, ces résultats invitent à s'interroger sur les facteurs qui rendent plus probable l'émission des comportements positifs.

6.5. Conclusion partielle

L'ensemble des résultats que nous venons de parcourir dans ce chapitre nous indiquent que :

H1 : Les perceptions des caractéristiques du travail influencent la satisfaction au travail.
Cette hypothèse est vérifiée : il y a bien un effet positif des perceptions des caractéristiques du travail sur la satisfaction. Cette satisfaction que nous avions définie en reprenant la définition de

Locke (1976) qui la considère comme une réponse affective et émotionnelle du travailleur résultant de l'évaluation de son travail ou de ses expériences du travail. La satisfaction ici dépend du niveau de convergence entre ce l'enseignant désire et ce qu'il en retire effectivement. La satisfaction en milieu de travail est le résultat d'un grand nombre de facteurs tangibles et intangibles qui, combinés, créent le contentement professionnel. La satisfaction professionnelle est donc liée à la présence de certaines caractéristiques particulières dans le travail.

H2 : La perception des comportements positifs détermineraient significativement la satisfaction au travail.

Cette hypothèse aussi est vérifiée : la satisfaction des professeurs est positivement associée aux relations interpersonnelles dans les classes et dans l'établissement. L'influence exercée par le comportement de la direction d'un établissement, le rôle joué par les relations avec les collègues et avec les élèves ont été notés par Levesque et al. (2003), Maroy (2002), Charlot et Emin (1997), Brunet et al. (1991), Phi Delta Kappan (1980). Selon Herzberg, pour provoquer plus de satisfaction, il faut renforcer les facteurs valorisants et stimulants.

H3 : Les caractéristiques individuelles agiraient sur la satisfaction au travail.

Cette hypothèse se vérifie partiellement, dans la mesure où quelques caractéristiques seulement ont un effet sur la satisfaction professionnelle. La satisfaction en milieu scolaire n'est pas seulement un élément des divers aspects liés au travail, mais elle peut également être influencée par une variété de facteurs biographiques et démographiques inflexibles comme le sexe, l'âge, le diplôme, l'ancienneté de le métier du répondant. Pour mieux comprendre comment ces facteurs peuvent influer sur le niveau de satisfaction des répondants quant à divers aspects du milieu de travail, les facteurs principaux ont été mis en rapport avec les facteurs démographiques (Thévenet, 2004 ; Maroy, 2002 ; Brunet, 2001 ; Mathieu et Zajac, 1990).

H4 : La satisfaction au travail serait un facteur déterminant dans la décision de rester et de persévérer dans son travail.
Cette hypothèse se vérifie : Les professeurs insatisfaits expriment massivement leur désir de quitter l'enseignement alors que l'intention des professeurs satisfaits est de rester dans le métier. Roussel (1996), Allen et Meyer (1990) montrent une corrélation positive entre la satisfaction et l'intention de rester à son travail.

L'étude demandait aux enseignants d'évaluer leur satisfaction à l'égard de divers aspects du milieu de travail. Une analyse de la manière dont certains aspects sont fortement liés à la satisfaction du milieu de travail a fourni un aperçu de leur importance relative.

CONCLUSION GENERALE

Notre recherche avait pour objectif premier de dégager d'abord le profil du corps professoral enquêté et d'en évaluer ensuite le degré de satisfaction générale en rapport avec les caractéristiques du travail et celles des professeurs. Parvenu au terme de notre étude, limitée certes en raison de sa nature descriptive, exploratoire et localisée, nous pouvons nous permettre d'apporter des éléments de réponses aux questions soulevées, car certaines observations ressortent avec suffisamment de relief pour qu'une attention leur soit accordée. Des analyses faites, plusieurs points ont retenu notre attention.

En effet, l'élément central autour duquel se construit la satisfaction des professeurs est constitué de ce qui se passe dans la salle de classe et dans l'enceinte de l'établissement. C'est là que les intrants convergent pour influer sur le vécu affectif qui, à son tour, influe sur la satisfaction et l'implication des enseignants et la façon dont ils préparent et dispensent leurs enseignements, la manière dont ils utilisent leur temps, la mesure où ils impliquent les élèves, la fréquence avec laquelle ils leur donnent des devoirs et leur manière de les corriger, la façon dont ils évaluent régulièrement les connaissances acquises, etc. Ce sont là des facteurs qui, en définitive, conditionnent la qualité du processus d'enseignement -apprentissage en termes des connaissances acquises, des compétences, des attitudes et des valeurs effectivement apprises et acquises.

Les deux sources principales de la satisfaction des professeurs dans leur travail : ce sont d'abord les relations avec les élèves, ensuite avec les collègues et les équipes de direction. C'est ce que nous avons appelé le climat organisationnel de l'école. En second lieu, c'est le travail intellectuel spécifique de la formation des jeunes et l'effet combiné de la préparation et de la transmission des connaissances en terme d'enrichissement personnel et de développement des compétences et des connaissances. Ce beau métier, dont le but est de susciter et de développer chez l'enfant un certain nombre d'états physiques, intellectuels affectifs et moraux que réclament de lui la société politique dans son ensemble, permet à l'enseignant de développer constamment ses connaissances et ses compétences pédagogiques.

Au-delà, il s'est dégagé des points cruciaux qui nécessitent toute une politique globale rationnelle qui conduira à créer des conditions de vie et de travail dont les effets seront l'amélioration sensible du niveau de satisfaction des personnels de l'éducation. Nous pourrions ainsi espérer obtenir une plus grande implication des enseignants pour un vrai enseignement de qualité et l'efficacité du système éducatif. Pour l'instant, contentons-nous d'épingler les enseignements tirés en mettant en avant quelques implications majeures pour la gestion du personnel enseignant.

Disponibilité et qualité du corps professoral

La ville de Kinshasa est considérée, dans l'imaginaire des Congolais, à la fois comme le meilleur marché de l'emploi, la meilleure possibilité d'accès à l'économie monétaire moderne et comme l'espace culturel le plus attractif. Dès lors, Kinshasa apparaît comme le pôle majeur de rencontre et de cohabitation de toutes les catégories sociales du pays. A ce titre, la ville de Kinshasa ne connaît pas de déficit en matière de personnel enseignant, au contraire, il y a un trop plein.

Toutes les écoles enquêtées ne manquent pas de personnel d'un âge certain, en majorité des hommes et de haute formation avec une grande expérience professionnelle ; parmi eux, beaucoup se distinguent par leur stabilité. Il y a incontestablement une forte massification du personnel qualifié et expérimenté dans la ville de Kinshasa.

Du point de vue des infrastructures, les écoles catholiques urbaines sont globalement bien installées et disposent d'un certain équipement et de certains matériels pour les professeurs et pour les élèves. Les conditions minimales requises pour que s'établisse un processus d'enseignement/apprentissage significatif sont plus ou moins garanties dans bon nombre d'établissements. Par rapport à l'ensemble du pays, certaines écoles catholiques urbaines jouissent d'un vrai privilège, en tout cas, le privilège est grand en personnel.

Le moral des professeurs

En examinant le moral des professeurs, une première indication sur son état d'esprit a été fournie par un massif désir de changer de métier. La proportion des professeurs qui souhaiteraient exercer un autre emploi est très impressionnante. Les raisons de mécontentement se concentrent autour des conditions matérielles de travail. Il y a un véritable malaise identitaire qui se traduit par certains mécanismes défensifs, tel le désinvestissement dans le travail.

Une seconde indication, la plus forte, montre que la satisfaction des professeurs est tributaire des relations sociales au sein de l'établissement où finalement le primat revient au climat psychosocial. Les résultats démontrent une qualité des relations internes sous-tendant une bonne atmosphère de travail qui exerce une influence significative sur le moral des professeurs. Globalement, la perception de cette ambiance particulière dans les classes et au sein des établissements se traduit par une certaine satisfaction au travail. On le voit, le travail devient plus utile et plus intéressant quand humainement le respect entre acteurs prévaut dans des relations de coopération. On peut dire que c'est un succès qu'un travail de « l'humain sur l'humain » table assez fortement sur une ambiance sereine et favorable, car l'action éducative est d'abord la rencontre de deux sujets et la vie affective de l'enfant est, pour une bonne part, modelée par le climat de vie scolaire. Aussi l'élève qui grandit fait progresser l'enseignant qui reste un acteur toujours en quête de savoir. L'étude a montré que du point de vue de l'environnement socio-éducatif, les conditions d'un processus d'enseignement/apprentissage sont réunies. Le climat scolaire reste la source principale de leur satisfaction professionnelle. Parmi les professeurs satisfaits qui désirent rester dans le métier, il y a plus de femmes (37 %), plus de professeurs âgés de 50 ans et plus (37.3%), ceux-ci se retrouvent parmi les professeurs ayant une ancienneté dans l'enseignement de plus de 21 ans (34.5 %), en outre, l'on retrouve plus de diplômés du secondaire (34 %).

Par contre, par rapport à leur statut et à leur gagne-pain, nous pouvons dégager deux implications essentielles de notre recherche.

Les contraintes matérielles

En premier lieu, il existe manifestement, dans les conditions de travail et de vie des professeurs, un certain nombre de contraintes objectives qui érodent fortement leur moral et leur implication dans leur métier. Parmi les professeurs insatisfaits désireux de quitter l'enseignement, il y a plus d'hommes (77.5 %), âgés de 30 à 39 ans (78.1 %) dont l'ancienneté varie de 1 à 10 ans (79.7 %).

La première contrainte qu'il convient d'examiner est celle que constitue la position des enseignants congolais du secteur public, c'est-à-dire leur statut en tant que fonctionnaire et leur place au sein du ministère de l'éducation. Ceci permettra d'appréhender au mieux les conditions salariales des enseignants congolais et leur situation de précarité.

Malgré le prescrit de l'article 115 de la Recommandation OIT-UNESCO du 5 octobre 1966 sur les traitements des enseignants en tant que facteur d'évaluation de leur condition, la question salariale prend un accent dramatique dans les pays à faible revenu.

Dans notre pays, c'est à partir du 2 mars 1978 que le personnel enseignant a été soumis au statut du personnel de carrière des services publics de l'Etat par l'Ordonnance-loi n° 78-096 qui fixa le statut pécuniaire des enseignants en recourant à un système d'équivalence et de correspondance entre les grades et fonctions du personnel de la Fonction publique et les grades et fonctions dans l'enseignement national. Les carrières pédagogiques furent ainsi incorporées dans le statut régissant les autres carrières au sein des services publics, les enseignants se retrouvèrent donc côte à côte avec les fonctionnaires de l'administration publique et de la défense nationale. Cependant, dans cette échelle commune de classement de l'ensemble du personnel des carrières publiques, les enseignants n'ayant accompli que des études primaires se retrouvent au bas de la pyramide, c'est-à-dire assimilés au huissier, alors qu'au sommet de l'échelle se place le secrétaire général. Un enseignant diplômé conduisant, sous sa grande responsabilité intellectuelle et morale, une classe de plus ou moins 40 enfants ou adolescents est simplement réduit au rang d'agent de bureau de première classe. Son salaire est fixé unilatéralement par les autorités politiques sur base du barème de la Fonction publique. Ainsi, par exemple, en octobre 2005, l'Etat congolais a alloué mensuellement aux enseignants une rémunération équivalant aux chiffres suivants :

Tableau 46 : Répartition des salaires payés en octobre 2005

FONCTION	SIGLE	GRADE	SALAIRE
Chef d'établissement	-	13	49 $
Professeur Licencié	L2 + LA	21	30 $
Professeur Gradué	A1 + G3	22	25 $
Professeur Diplômé du secondaire	D6 + A2	31	20 $

SOURCE : Feuille de paie du collège Alfajiri, Bukavu, octobre 2005.

Quand on sait que la rémunération équitable a, dans tous les métiers, une valeur attractive et incitative et une valeur stabilisatrice dans la carrière, on attend que les salaires soient fixés su base des règles permettant une certaine équité. Selon le BIT (1978), deux types de critères de base devraient entrer en ligne de compte : internes et externes. Les critères internes concernent les niveaux de formation, de responsabilité et d'expérience, l'ancienneté, la situation matrimoniale, la charge de travail et la qualité de travail, les indemnités et allocations diverses, etc. Ici, on pourrait même ajouter une prime spéciale aux enseignants qui acceptent d'aller prester dans les zones rurales ou difficiles. Les critères externes sont ceux par lesquels les gains des enseignants sont mis en rapport avec ceux des autres travailleurs et concernent la considération de fait, mais également des jugements de valeur ayant trait à la place des enseignants dans la société, la reconnaissance sociale, etc. Mais le salaire reflète l'intérêt matériel de la profession.

On le voit, on ne peut pas dissocier les conditions de travail des politiques de renforcement du rôle des enseignants dans notre pays. La préoccupation face à la dégradation du statut des enseignants congolais reste très répandue. L'effort de revalorisation du statut des enseignants congolais reste une des conditions nécessaires du renforcement de leur rôle.

Cette revalorisation ne peut être le résultat d'une seule mesure ou du seul facteur de gratification financière. C'est l'amélioration de la situation matérielle des enseignants, notamment leur salaire et tous les autres avantages sociaux, qui constituent une condition nécessaire, mais non suffisante pour une vraie revalorisation du statut des enseignants congolais. L'ensemble des conditions de travail, de vie et de réalisation de soi en tant que personne et en tant responsable doit connaître une nette amélioration. Face à la demande grandissante d'un plus grand accès à l'éducation secondaire, d'une meilleure qualité et d'une plus grande équité, il faut relever le défi de la satisfaction au travail et de la rétention des professeurs qualifiés. Des professeurs bien formés ne suffisent pas en soi et pour un enseignement dont les élèves tirent bien profit. Un système d'incitation basé sur les performances individuelles plutôt que sur le diplôme et l'ancienneté pourrait produire plus d'effet.

Sans doute, il est évidemment difficile à une école d'obtenir de bons résultats quand l'essentiel fait défaut. Certains chercheurs ont noté une corrélation entre les résultats de certaines écoles et les infrastructures et équipements. Les résultats des écoles conventionnées catholiques ont montré que des écoles placées dans des conditions matérielles de l'enseignement/apprentissage semblables peuvent obtenir des résultats différents. D'autre part, en dépit des conditions déplorables que connaissent de nombreuses écoles, leurs élèves obtiennent des résultats relativement bons, alors que, dans d'autres écoles disposant d'équipements satisfaisants, les performances des élèves sont moins bons.

Les incitations professionnelles, qui sont moins onéreuses et qui visent directement à améliorer les conditions dans les salles de classe et au sein des établissements, peuvent avoir un effet important si et seulement si l'enseignant se sent bien dans son identité.

La crise statutaire

Les enseignants vivent une véritable crise identitaire, qui peut être frustrante sans remettre en cause l'équilibre psychique, mais qui peut aussi frustrer et rompre l'équilibre psychique. Le processus de crise caractérise donc des objets manquants, qui créent un déficit narcissique important (manque de reconnaissance, image de prestige perdu). L'objet est désormais investi dans la nostalgie, mais un conflit naît de l'impossible coïncidence entre le prestige idéalisé et la reconnaissance réelle. La représentation qui prévaut est celle d'une identité à préserver ou à restaurer. La revendication tourne autour de la « revalorisation du statut professionnel ». Les enseignants mobilisent des stratégies individuelles ou collectives pour réduire les effets d'une identité sociale négative.

Lautier (2001) souligne qu'une identité sociale insatisfaisante alimente des stratégies de changement : soit quitter une école pour rechercher une autre jugée plus valorisante, ou bien profiter d'un concours pour une promotion verticale, soit quitter carrément le métier. Parmi les stratégies au sein de l'établissement, on peut subtilement renforcer la sélection des élèves soi-disant pour préserver le niveau des élèves de son établissement en même temps que son statut. Au niveau collectif, l'action syndicale revendique et négocie la « revalorisation des statuts » et l'amélioration des conditions de travail.

L'identité professionnelle des acteurs de l'école congolaise se trouve mise à mal par une situation de mutations qui engage des changements profonds d'ordre politique, structurel et socioéconomique, et qui nécessite non pas de petits arrangements, mais des changements profonds des conditions et des représentations sociales.

La seconde conclusion, qui est plus positive, est que la marge de manœuvre pour stimuler la motivation des professeurs ne se limite pas aux augmentations de salaires ni à la revalorisation des statuts. Il faut que le climat de travail soit serein et favorable.

Le climat scolaire de travail

La notion de climat scolaire renvoie à la qualité de relations et de communication perçue au sein de l'établissement (Janosz, 1998). Ce climat correspond à l'atmosphère qui règne dans les rapports sociaux, mais aussi aux attitudes et aux sentiments partagés par les différents acteurs au sein d'un établissement.

Le climat est une variable subjective liée à la perception par les différents acteurs de la façon dont ils sont traités et sur les rôles que chacun joue en relation avec les autres. Cette perception sert de référent aux comportements adoptés et le type de climat perçu est donc responsable d'une partie de l'efficacité de l'école (Carron et al. 1998).

Des études montrent que les élèves sont sensibles au climat de classe et de l'établissement et la perception qu'ils en ont peut non seulement influencer leurs comportements et leur adaptation, mais également leurs apprentissages scolaires. De même, les activités de l'ensemble du personnel d'une école sont influencées par la façon dont ils vivent le climat de leur milieu de travail (Brunet, 2001).

Notre recherche a révélé un climat scolaire bon et participatif tel que perçu par les enseignants dans les comportements aussi bien des élèves, des collègues que des équipes de direction. En effet, les bonnes relations entre les élèves et les enseignants, entre les enseignants (Phi Delta Kappan, 1980) et entre les enseignants et les directeurs (Ellett et Walberg, 1979) favorisent la réussite scolaire. Si les organisations efficientes concentrent toujours leurs ressources finnncières le plus près possible de la chaîne de production, dans l'enseignement, la relation entre l'enseignant et les apprenants est le centre névralgique de l'action éducative.

La classe repose d'abord sur un certain nombre de dispositifs institutionnels autant spatiaux que temporels qui délimitent et structurent un espace social autonome, fermé et séparé du milieu communautaire ambiant, et au sein duquel les élèves sont soumis à un long processus d'apprentissage (socialisation et instruction) s'étalant sur plusieurs années. Le découpage, l'organisation et la présentation de la matière en classe en présence des élèves constituent des moyens pédagogiques. Dans la situation de face-à-face en classe, sans médiations, le contrôle du groupe et la motivation des élèves représentent des problèmes clés de la technologie de l'enseignant (Doyle, 1986). Avec la pédagogie scolaire, ce sont de nouveaux rapports sociaux éducatifs qui apparaissent entre acteurs, les élèves et les maîtres, au sein des classes dans l'établissement. Ces rapports sociaux reposent sur un nouveau système de pratiques : enseignement, exercices, mémorisation, répétition, corrections et récompenses, examens, devoirs, etc. Le travail en classe prescrit diverses attitudes et impose divers comportements sociaux typiquement scolaires : postures et activités corporelles réglementées, contrôle des présences et des déplacements, contrôle du temps et de l'espace, surveillance des élèves par le maître et obéissance. En tant qu'espace social, la classe définit donc, à travers ces attitudes et comportements, un registre de rapports sociaux entre ceux qui enseignent et ceux qui apprennent. Ces rapports sociaux sont scolarisés, modulés et médiatisés par les règles de vie de l'école. L'enseignement scolaire conçu comme une forme particulière de travail humain sur l'humain, c'est donc au sens fort un travail interactif mettant directement en présence des êtres humains qui agissent les uns en fonction des autres. Le domaine propre de la pédagogie scolaire, ce sont les interactions concrètes entre les enseignants et les élèves. Autrement dit, l'enseignement est un métier de relations humaines, un travail basé sur des interactions entre des les enseignants et les apprenants.

Ce qui frappe le plus lorsqu'on observe des enseignants au travail en classe, c'est la dimension fortement langagière et, plus largement, la fonction communicationnelle de leurs interventions éducatives. Comme le dit Tochon (1993), les enseignants sont des interprètes de ce qui se passe en classe, des lecteurs des situations pédagogiques qui imposent aussi du sens, qui dirigent la communication pédagogique et contribuent de la sorte à orienter le programme d'action en cours en fonction des significations qu'ils privilégient. En effet, l'équilibre de la classe ne tient que grâce aux qualités psychologiques de l'enseignant : l'aisance aux relations, l'autorité " naturelle ", l'humour, et grâce aux bonnes dispositions des élèves.

Globalement, les élèves et la vie de la classe constituent la récompense primordiale des enseignants. L'analyse révèle que les professeurs apprécient et valorisent beaucoup la relation affective avec leurs élèves : Ce sont les élèves et la vie de classe qui rendent l'enseignement valorisant, fournissant la principale et sinon l'unique source de renforcements intrinsèques au travail des enseignants.

En outre, au cœur du travail quotidien des enseignants, des gestes de sympathie, d'amitié, de respect, de compréhension, de discussion d'idées montrent une grande ouverture des uns envers les autres dans une culture de coopération et d'interdépendance. Les relations avec les collègues et le soutien perçu de la part des pairs ont aussi un impact significatif sur la satisfaction professionnelle des enseignants.

S'il est reconnu à tout chef d'établissement les habiletés que nous pouvons regrouper sous les titres de leadership pédagogique, de capacités administratives, de gestionnaire efficient, il convient d'ajouter les habiletés sociales. Si le contexte d'établissement a un impact sur la satisfaction des enseignants, le comportement de la direction exerce une influence sur le climat qui règne au sein de l'établissement (Levesque et al., 2004 ; Vandenberghe, 2000 ; Charlot, 1997) et constitue un levier important de la satisfaction des enseignants. Les professeurs ont mentionné avoir à faire à des leaders démocratiques, à des gestionnaires habiles dans les relations humaines dont les enseignants reconnaissent la sensibilité et l'attention. En effet, la finesse d'une direction doit permettre de rejoindre chacun dans ses besoins existentiels de s'affirmer professionnellement afin de pouvoir l'impliquer.

Comme nous l'avions souligné, les sources les plus puissantes de satisfaction et d'implication sont celles qui répondent aux besoins psychologiques d'acceptation, de reconnaissance, d'estime, de respect et de valorisation au sein de l'école. L'image de l'enseignant se construit à partir du regard que lui renvoient les autres acteurs qui constituent un miroir à travers lequel chaque enseignant perçoit et s'accepte. Certaines personnes ont un apport beaucoup plus significatif que d'autres dans la construction et le développement du moi : les élèves, les directeurs et les autres professeurs contribuent diversement à la construction du véritable moi professionnel des professeurs. Par son statut, le directeur joue un grand rôle dans la mesure où son jugement évaluatif conforte l'enseignant dans l'estime de soi professionnel bien plus que celui de l'élève qui dépend du jugement du professeur. La finalité dans les relations humaines est d'arriver à mobiliser les enseignants dans le sens d'un bon accompagnement de chaque apprenant.

L'enjeu de la formation continue en contexte congolais

Le système de formation initiale des enseignants dans notre pays est bien sûr marqué par la nature et l'organisation de notre système éducatif mais aussi par la situation du pays. Les réseaux de formation officiels existent à différents niveaux. Cependant, les données de notre recherche ont révélé qu'un certain nombre de professeurs ont fait le choix du métier après avoir effectué des études qui ne préparaient pas au métier d'enseignants. D'autre part, notre système éducatif est très dégradé et très peu performant, parmi les facteurs, il y a la formation insuffisante des enseignants, l'absence de structures pour une formation continue. Il s'avère important que cette formation continue soit assurée et qu'elle vise l'acquisition, le renforcement et le renouvellement des savoirs, des savoir-faire et des compétences disciplinaires et psychopédagogiques. Car, comme nous l'avons déjà dit, la motivation sans la compétence ne contribue pas à l'efficacité du processus éducatif.

L'enjeu porte sur des compétences professionnelles qui renvoient à des savoir-faire et savoir-être marquant la spécificité de ce qui est de l'ordre d'une « praxis » en évolution. La pratique enseignante doit être elle-même le point de départ de toute formation des enseignants, en reconnaissant que si la fonction enseignante requiert une technicité de la transmission des connaissances, aujourd'hui la seule maîtrise des connaissances ne garantit plus la qualité de l'enseignement ni des apprentissages. Professionnaliser les enseignants, c'est d'abord affirmer qu'il y a des médiations nombreuses et de natures diverses entre les savoirs savants et les savoirs scolaires que les enfants doivent apprendre à un moment donné de leur cursus scolaire.

La formation professionnelle privilégiera ici une bonne maîtrise des savoirs scientifiques et technologiques, et, en relation avec ces savoirs, des compétences d'abord didactiques, puis psychopédagogiques, voire technologiques. Ensuite, il faudra développer des compétences d'ordre méthodologique, relationnel et communicationnel pour améliorer les capacités de gestion des classes et favoriser une culture professionnelle commune à tous les enseignants.

La reconnaissance du caractère déterminant de la formation continue des enseignants n'empêche pas d'évoquer en termes dramatiques leur situation : la rémunération insuffisante, la non reconnaissance sociale, le bas moral sont autant des facteurs qui peuvent empêcher aux enseignants de s'intéresser et de s'impliquer dans un processus de formation continue. D'autre part, l'organisation de la formation continue rencontre le problème de son financement. Notre pays ne considère pas encore cette formation comme une priorité pour garantir la qualité de l'éducation. Les coûts en salaires à la charge du budget mis à la disposition des établissements laissent peu de marges pour la mise en œuvre fonctionnelle et planifiée d'une politique de formation continue efficiente. Il revient à quelques écoles fortunées d'organiser quelques journées pédagogiques ou des sessions de formation où il s'agit davantage de passer un temps ensemble, de préparer la rentrée scolaire, de discuter de quelques problèmes.

Sans doute, un véritable plan de formation continue, un suivi méthodologique, une réflexion continue sur les pratiques et un cheminement commun vers la professionnalisation du métier doivent être adoptés et réalisés, mais il faut que la gestion des carrières et les conditions de travail deviennent plus stimulantes. Car, un projet de formation suppose une mobilisation d'énergie finalisée par un désir, une volonté et un besoin de changement au niveau de la vie personnelle, sociale et professionnelle (Bourgeois et Nizet, 1999).

Les enseignants ne consentent à s'investir que dans la mesure où leurs attentes et aspirations par rapport aux résultats escomptés sont suffisamment prégnantes et qu'ils sont convaincus que l'engagement dans la formation continue contribuera à la réalisation de leurs aspirations. Pour que l'engagement dans la formation s'accompagne d'une mobilisation cognitive et affective suffisamment importante, il faut que le contexte général entourant l'exercice de la profession soit celui d'une considération valorisante de tous.

Il reste que la perception des comportements soutenants et valorisants de la part de la direction et le climat stimulant des établissements peuvent faciliter la mise en œuvre d'un projet de formation. Il suffit que le pouvoir organisateur et les gestionnaires des écoles consentent à donner davantage de pouvoir de décision aux enseignants. Ceci prend une importance particulière dans le contexte de réaménagement du système éducatif dans l'optique de la formation continue parce que la mise en place d'un programme de participation du personnel permet de décroître le taux de rotation du personnel et d'augmenter la satisfaction au travail. Les enseignants peuvent davantage faire preuve d'un plus grand sens du dévouement. Accroître l'influence des enseignants sur leur milieu de travail en renforçant la coopération au sein des établissements facilite la conception et la réalisation des programmes de formation mais aussi l'identification des enseignants aux objectifs, ce qui augmente leur sentiment d'appartenance à l'école.

Quelques limites des résultats

Une première limitation importante découle de la nature même de nos résultats qui sont purement quantitatifs. Pour cerner la satisfaction de manière plus globale et plus valide, des analyses de contenus des productions écrites et/ou orales décrivant l'évaluation de différents facteurs retenus auraient été nécessaires. Cette démarche exigeait l'emploi d'une méthode de recherche beaucoup plus minutieuse, plus longue et plus coûteuse que celle que nous avons choisie.

Une autre limitation réside dans le fait que cette étude n'a été menée qu'auprès des seuls professeurs des écoles secondaires catholiques de Kinshasa. C'est une lacune que nous espérons combler dans l'avenir grâce à une collaboration avec d'autres chercheurs intéressés pour une enquête plus large. Notre étude constitue déjà un jalon pour une telle recherche ultérieure, l'analyse de la satisfaction générale auprès d'un échantillon plus large et varié permettra de bien cerner le problème. De la sorte, certaines questions restent encore ouvertes et nous tenterons d'y répondre dans la poursuite de nos travaux, car, assurément, nous nous trouvons face à un champ largement ouvert et d'un intérêt certain.

Quant à notre instrument d'enquête, nous devons avouer que s'il permet d'identifier quelques leviers de la satisfaction et de l'insatisfaction des professeurs, il reste perfectible pour un meilleur résultat.

Cette étude menée en 2003-2006 peut paraître dépassée au moment de sa publication. Il n'en est rien, en tant que professeur recevant à l'université des jeunes ayant fait 12 années de scolarité primaire et secondaire, nous avons le même constat d'une école inefficace. Les résultats de notre étude ont vraiment des raisons d'être pris au sérieux.

BIBLIOGRAPHIE

ABRAHAM, A. (1982). *Le monde intérieur des enseignants*. Paris, Editions Epi.
ABRAHAM, A. (1984). *L'enseignant est une personne*. Paris, ESF.
ADAMS, G. L. ET CARNINE, D. (2003). *Direct Instruction*. In H. Swanson, K. R. Harris, S. Graham. *Handbook of Learning Disabilities*. New York : The Guilford Press.
ADAMS, G. L. ET ENGELMANN, S. (1996*). Research on Direct Instruction : 25 years Beyond Distar*. Seattle, WA : Educational Achievement Systems.
ADEA. (2001). *Une expertise en management des personnels enseignants*. Paris, ADEA.
ADLER, A. (1961). *Pratique et théorie de la psychologie individuelle comparée*. Paris, Payot.
ALDERFER, C. (1972). *Existence, relatedness and growth, human needs in organizational Seetings*. New York, Free Press.
ALDERFER, C. P. (1969). *An empirical test of a new theory of human needs. Organizational behavior and human performance*, vol. 4, n°2, 142-175.
ALLEN, N.J. ET MEYER, J.P. (1990). *The measurement and antecedents of affective, continuanc, and normative commitment of the organization. Journal of Occupational Psychology*, vol. 63.
ALTET, M. (1994). *La formation professionnelle des enseignants*. Paris, PUF.
ANDERSON, L, W. (1992). *Accroître l'efficacité des enseignants*. Paris, Unesco.
ANDERSON, M. B. G. ET WANICKI, E. F. (1984). *Teacher motivation and its relationship to burn ou*t. Educational Administration Quarterly, 20, 2, 109-132.
ATKINSON, J. W. (1964). *An Introduction to motivation*. Princeton,

Van Nostrand.

ATKINSON, J. W. (1957). *Motivational determinants of risk-taking behaviour*. Psychological Review, vol. 64, n° 6, 359-372.

ATTALI, J. (1996). *Le rôle des enseignants dans un monde en changement*. Perspectives 99, 463-612.

AUBERT, V. et al. (1985). *La forteresse enseignante*. Paris, Fayard.

BABU, S. ET MENDRO, R. (2003). *Teacher Accountability : HLM_Based Teacher Effectiveness Indicies in the investigation of Teacher Effects on Student Achievement in a State Assesment Program*. Paper presented at the American Educational Research Association annual meeting, avril.

BACHELARD, P. ET ODUNLAMI, A. (1997). *Apprentissage et développement en Afrique noire. Le levier de l'alternance*. Paris, L'Harmattan.

BAGUNYWA, A. M. K. (1975). *Le rôle mouvant de l'enseignant et la rénovation de l'éducation en Afrique. Perspectives*, vol. V, n° 2.

BAILLAUQUES, S. (1990). *La formation psychologique des instituteurs*. Paris, PUF.

BAILLAUQUES, S. ET LOUVET, A. (1992). *Instituteurs débutants : faciliter l'entrée dans le Métier*. Paris, INRP.

BAIN, D. (1981). Orientation scolaire et fonctionnement de l'école. Berne, Lang.

BANQUE MONDIALE (1996). *Priorités et stratégies pour l'éducation*. Washington, DC.

BANQUE MONDIALE (1991*). Vocational and technical education and training. Document de politique générale*. Washington, Banque Mondiale.

BANQUE MONDIALE (1988). *L'éducation en Afrique subsaharienne – pour une stratégie d'ajustement, de revitalisation et d'expansion*. Banque mondiale.

BARLOW, M. (1999). *Le métier d'enseignant*. Paris, Anthropos.

BARNABE, C. (1991). *La relation des enseignants aux attributs de leur tâche : une approche à leur motivation*. In Revue des

Sciences de l'Education, vol.17, n° 1, 113-129.
BARNABE, C. (1995). *Une introduction à la qualité totale en éducation.* Cap-Rouge, Presse Inter Universités.
BARNABE, C. (1997*). La gestion totale de la qualité en éducation.* Montréal, Les Editions Logiques.
BARRERE, A. (2002). *Les enseignants au travail.* Paris, L'Harmattan.
BARRERE, A. (1997). *Les lycéens au travail.* Paris, PUF.
BAUDELOT, C. ET GOLLAC, M. (2003*). Faut-il travailler pour être heureux* ? Paris, Fayard.
BAUDELOT, C. (1981). *Sociologie de l'école. Pour une analyse des établissements scolaires.* Paris, Dunod.
BAUTIER, E., ROCHEX, J-Y. (1998). *L'expérience scolaire des nouveaux lycéens.* Paris, A. Colin.
BECKERS, J. (1998). *Comprendre l'enseignement secondaire.* Bruxelles, De Boeck.
BELLONCLE, G. (1984). *La question éducative en Afrique noire.* Paris, Karthala.
BENTEIN, K., VANDENBERGHE, C. ET DULAC, T. (2004). *Engagement organisationnel de continuité et indicateurs d'efficacité au travail.* Revue de Gestion des Ressources Humaines, 53, 69-79.
BERGER, I. (1979). *Les instituteurs d'une génération à l'autre.* Paris, PUF.
BERGER, I. ET BENJAMIN, R. (1964). *L'univers des instituteurs.* Paris, Editions de Minuit.
BERGERON, J. L. (1979). *Les aspects humains de l'organisation.* Chicoutimi, Gaëtan Morin.
BERNARD, G. (1968). *Ville africaine, famille urbaine. Les enseignants de Kinshasa.* Paris, Mouton.
BERRY, B. (1985). *Why miss dove left and where she went : A case study of teacher attrition in a metropolitan school system in the Souteast.* Occasional paper in Educational Policy Analysis. National Instituteof Education, Washington, DC.

BETTELHEIM, B. (1973). *Education et psychanalyse*. Paris, Hachette.

BEZY, F, PEEMANS, J. P, WAUTELET, J.M. (1981). *Accumulation et sous-développement au Zaïre.* Louvain, PUL.

BIT (1996). *Incidence de l'ajustement structurel sur l'emploi et la formation des enseignants.* Genève, OIT.

BIT (1991). *Le personnel enseignant : les défis des années 90. Deuxième réunion paritaire sur les conditions de travail des enseignants.* Genève, OIT.

BIT (1984). *La condition du personnel enseignant, un instrument pour la faire progresser.* Genève, OIT.

BLANCHARD,F. et al. (1994). *Echecs scolaires*. Paris, ESF.

BLOOM, B. S. (1979). *Caractéristiques individuelles et apprentissages scolaires.* Bruxelles, Labor.

BORMAN, G.D., HEWES, G.M., OVERMAN, L.T. ET BROWN, S. (2003). *Comprehensive school reform and achievement : A meta-analysis.* in Review of Educational Research, Summer, 73, 2, 125-230.

BOUDESSEUL, G. (2003). *Considérer l'enseignement comme un travail : quelques implications de l'usage d'un concept pluridisciplinaire.* Cahiers de la MRSH, Caen.

BOYER, C. (1993). *L'enseignement explicite de la compréhension en lecture.* Boucherville, Graficor.

BREDA (2002). *Scolarisation primaire universelle : un objectif pour tous*. Document statistique *MINEDAF VIII.* UNESCO/Dakar/Sénégal, Banque mondiale /Washington, Etats-Unis. Ministère des affaires étrangères. Paris. AFRIQUE

BREDA (2000*). la Journée mondiale des enseignants*. AFRIQUE. Dakar.

BRESSOUX, P. (1999). *Méthodes pédagogiques et interactions verbales dans la classe : quel impact sur les élèves de CP ?* Revue française de Pédagogie, 93.

BRESSOUX, P. (1994). *Les recherches sur les effets-écoles et les effets-maîtres*, Revue française de Pédagogie, 108, 91-137.

BREUSE, E. (1984). *Identification des sources de tension dans le travail professionnel des enseignants.* In J.M. ESTEVE, Professeurs en conflits, Madrid.

BROOKOVER, W.B. (1978). *Elementary school social climate and school achievement.* In American Educational Research Journal, 15, 2, 301-318.

BROPHY, J.E. ET GOOD, T.L. (1974). *Teacher-student relationship Causes and consequences.* New York : Holt, Rinehart and Winston.

BROPHY, J.J. ET RORHKEMPER, S. (1984). *The influence of problem ownership on teacher's perceptions and strategies for coping with problem students.* Journal of educational psychology, 73, 295-311.

BRUER, J.T. (1993). *Schools for Thought. Bradford Book.* Cambridge, Massachusetts, London, England : The MIT Press.

BRUNER, J. (1996). *L'éducation, entrée dans la culture : les problèmes de l'école à la lumière de la psychologie culturelle.* Paris, Retz.

BRUNET, L. (1989). *La relation entre la satisfaction au travail et l'efficacité scolaire : le cas de quatre écoles primaires.* In Actes du 57è Congrès de l'A.C.F.A.S., Montréal.

BRUNET, L., DUPONT, P. ET LAMBOTTE, X.,(1991). *Satisfaction des enseignants ?* Bruxelles, Labor.

BYRNE, B.M. ET HALL, L.M. (1989). *An investigation of factors contributing to teacher burnout : the elementary, intermediate, secondary and postsecondary school environments.* Pape presented at the annual meeting of the Ameriacn Educational reaserch Association. San Francisco, CA. 27-31.

CALLAGHY, T. M. (1989). *La dette extérieure du Zaïre.* Bruxelles, la Nouvelle Revue, 59-73.

CAMANA, C. (2002). *La crise professionnelle des enseignants : des outils pour agir.* Paris, Delagrave.

CARRON, G. ET TA NGOC CHAU, (1998). *La qualité de l'école primaire dans des contextesde développement différents.* Paris, Unesco.

CELIS, G. R. (1986). *La faillite de l'enseignement blanc en Afrique noire.* Paris, L'Harmattan.

CHALL, J. S. (2000). *The Academic Achievement Challange. What Really Woks In The Classeroom* ? New York, Guilford Press.

CHAPELLE, J. (1990). *L'éducation en Afrique noire à la veille des indépendances.* Paris, Karthala.

CHAPOULIE, J. M. (1987). *Les professeurs de l'enseignement secondaire. Un métier de classe moyenne.* Paris, Ed. de la maison des sciences de l'homme.

CHARLES, F.(1988). *Instituteurs : un coup au moral.* Paris, Ramsay.

CHARTIER, D. (1998). *Les facteurs psychologiques de la démotivation. Quelques pistes de remédiatioN.* In Education permamente, 136, 3, 47-56.

CHAUVEAU, G., ROGOVAS, E. (1984). *La construction sociale de l'échec scolaire.* In Perspectives, n° 4.

CHEHATA, M. (1987). *La satisfaction au travail des enseignants dans deux écoles d'une même institution : étude comparative. Séminaire de lecture.* Faculté des sciences de l'éducation, Université de Montréal, Montréal.

CHERKAOUI, M. (1979). *Les paradoxes de la réussite scolaire.* Paris, PUF.

CHIAPPANO, N. (1989). *Politique et stratégie de formation des enseignants dans les pays en développement.* Paris, Unesco.

CHINAPAH, V., H'DDIGUI, E. M. (1999). *Avec l'Afrique pour l'Afrique. Vers l'éducation de qualité pour tous.* Prétoria, Human Sciences Research Council.

CHURCHILL, G. A. *, A paradigm for developing better measures of marketing construct.* Journal of Marketing Research, vol. 16, 1979, 64-73.

CLARK, A.E., GEORGELLIS, Y. & SANFEY, P. (1998). Job Satisfaction, wages and Quits : Evidence from German Panel

Data, Labour Economics, 8, 439-478.
CLARK, A. E. et OSWALD, A. J. (1996). *Satisfaction and comparison Income*. Journal of Public Economics, 61, 359-381.
CLARK, A. E. (1998). *Les indicateurs de la satisfaction au travail en Europe*. Paris, OCDE.
CLARK, A. E. (1996). Job Satisfaction in Britain. British Journal of Industrial Relations, 34, 189-217.
CLARL, A.E. (1997). *Job Satisfaction and gender : why are women so happy at work* ? Labour Economics, 4, 341-372.
CLEGG, C. W.(1993). *Psychology of Employee Lateness, Absence and Turnover : A methodological critique and empirical study*. Journal of Applied Psychology, 68, 88-101.
COHEN, A,. (1993). *Organisational commitment and turnover : A meta-analysis*. Academy of Management Journal, 36, 1140-1157.
COHN, M.M. ET AL. (1987). *Teachers' perspectives on the problems of their profession : implications for policymakers and practioners*. Office of Educational Research and amprovement. Washington, DC.
COLEMAN, J.S. ET al. (1966). *Equality of educational opportunity*. Washington, DC : US Office of Education.
COLOMB, A. (1997). *Profs et compagnie*. Paris, Arléa.
COMELIAU, C. (1982). *Quelle réforme pour l'enseignement secondaire au Zaïre* ? Zaïre-Afrique XXII, 170, décembre, 603-616.
CONFERENCE NATIONALE SOUVERAINE, COMMISSION DE L'EDUCATION, (1992). *Rapport final*. Kinshasa.
CONSEIL SUPERIEUR DE L'EDUCATION DU QUEBEC (2004). *Un nouveau souffle pour la profession enseignante*. Avis au ministre de l'éducation. Québec.
CONSEIL SUPERIEUR DE L'EDUCATION DU QUEBEC (1992). Pour une école secondaire qui développe l'autonomie et la responsabilité. Québec.

COOMBS, P. (1968). *La crise mondiale de l'éducation.* Paris, PUF.
COOPER, H.M., GOOD, T.L. (1983). *Pygmalion grows up. Studies in the expectation of research.* Exceptional Children, 46, 7, 504-514.
CORCORAN, T.B. ET AL. (1988). *Working in urban schools.* Institue for Educational Leadership, Washington, DC.
CORDIE, A. (1998). *Malaise chez l'enseignant. L'instituteur confronté à la psychanalyse.* Paris, Seuil.
CORDIE, A. (1993). *Les cancres n'existent pas. Psychanalyse des enfants en échec scolaire.* Paris, Seuil.
CORNET, J. (1999). *Souffrance de classe.* In Le Ligueur, n° 1, janvier 1999.
CORROYER, D. ET WOLF, M. (2003). *L'analyse statistique des données en psychologie.* Paris, Armand Colin.
COTTA, A. (1987). *L'homme au travail.* Paris, Fayard.
COULON, A. (1997). *Le métier d'étudiant.* Paris, PUF.
COUSIN, O. (1998). *L'efficacité des collèges, sociologie de l'effet établissement.* Paris, PUF.
CRAHAY, M. (1996/2003). *Peut-on lutter contre l'échec scolaire ?* Bruxelles, De Boeck.
CRAHAY, M. (1997). *Une école de qualité pour tous.* Bruxelles, Labor.
CRAHAY, M. (2000). *L'école peut-elle être juste et efficace ? De l'inégalité des chances à l'égalité des acquis.* Bruxelles, De Boeck Université.
CRANNY, C. J., SMITH, P. C., et STONE, E. F. (1992). *Job satisfaction, how people feel about their jobs and how it affects their performance.* New York, Lexington Books.
CROZIER, M. ET FRIEDBERG, E. (1977*). L'acteur et le système.* Paris, Seuil.
DE COSTER, M. (1993). *Sociologie du travail et gestion des ressources humaines.* Bruxelles, Labor.
DEJOURS, C. (1988). *Plaisir et souffrance dans le travail.* Paris, Ed. de l'A.O.C.I.P.

DE MAXIMY, R. (1984). *Kinshasa, ville en suspens. Dynamique de la croissance et problèmes d'urbanisme : approche socio-politique.* Paris, Orstom.
DENIS, P. (2002). *Emprise et satisfaction : les deux formats de la pulsion.* Paris, PUF.
DELVAUX, B., DOURTE, F., VERHOEVEN, M. (1996). *Transformations du métier d'enseignant : pratiques et représentations des interventions.* Louvain-la-Neuve, CERISIS/UCL.
DEVELAY, M. (1994). *Peut-on former les enseignants ?* Paris, ESF.
DUBAR, C. (1991). *La socialisation : construction des identités sociales et professionnelles.* Paris, A. Colin.
DUBET, F. (2002). *Le déclin de l'institution.* Paris, Seuil.
DUPAGNE, Y. (1993). *Coopérant de l'éducation en Afrique.* Paris, L'Harmattan.
DUTERCQ, Y. (1993*). Les professeurs.* Paris, Hachette éducation.
DURUFLE, G. (1988*). L'ajustement structurel en Afrique.* Paris, Karthala.
DUVILLIER, T. et al., (2003). *La motivation au travail dans les services publics.* Paris, L'Harmattan.
EKWA, M. (2004). *L'école trahie.* Kinshasa, Ed. Cadicec.
ELIOU, M. (1974). *Enseignants africains : enquêtes au Congo et au Mali.* Paris, IEDES.
ELLIS, E.S., WORTHINGTON, L.A. ET LARKIN, M.J. (1994). *Executive summary of the research synthesis on effective teaching principles and the design of quality tolols for educator*s. University of Oregon : National Center to Improve the Tools of Educators.
ELLIS, A. ET FOUTS, J. (1997). *Research on Educational Innovations.* Second Edition, Princeton, NJ : Eye on Education.
ELLIS, A. ET FOUTS, J. (2001). *Research on Educational Innovations.* Princeton, NJ : Eye on Education.
ELLUL, J. (1982). *Variations historiques des motivations au travail,*

Société française de Psychologie, Quelles motivations au travail ? Paris Entreprise Moderne d'Edition, . 13-19.

ENGELMANN, K. (2003) *City Springs Set the Standard... Again.* ADI Effectives School Practices, vol. 3, No. 2.

ENGELMANN, K. (1999). *Student-program alignment and teaching to mastery. Paper presented at the 25th National Direct Instruction Conference.* Eugene, OR : Association for Direct Instruction.

ERHENBERG, A. (2001*). La fatigue d'être soi.* Paris, Jacob.

ERLANDSON, (1981). Teacher motivation. Job satisfaction and alternatives directions for principals. NASSP Bulletin, 65, (442), 5-9.

ETATS GENERAUX DE L'EDUCATION (1996). *Rapport final.* Kinshasa.

ETHIER, G. (1989*). La gestion de l'excellence en éducation.* Québec, PUQ.

ESTEVE, J. M. et FRACCHIA, A. F. B. (1983). *Le malaise des enseignants.* Revue française de pédagogie, 84, 45-56.

EURYDICE, (2003). *La profession enseignante en Europe : profil, métiers et enjeux. Rapport III. Conditions de travail et salaires.* Bruxelles.

EURYDICE, (2004). *La profession enseignante en Europe : profil, métiers et enjeux. Rapport IV. L'attractivité de la profession enseignante.* Bruxelles.

FALLON, D. (2003). *Case Study of a Paradigm Shift The Value of Facusing on Instruction. Educational Commission of The States.* Richmond, Virginia, November 12.

FARBER, B.A. (1976). *A study of the determinants of Job satisfaction.* University Microfilm International, An Arbor, Michigan.

FELOUZIS, G. (1997). *L'efficacité des enseignants.* Paris, PUF.

FERGUSSON, N.H. (1984). *Stress and the nova scotia teacher.* Nova scotia teachers union, Halifax.

FILIP, A. (1967). *Réflexions sur l'enseignement au Congo.* Kinshasa,

Concordia.

FINLAYSON, D. ET DEER, C. (1979). *Organizational climate of secondary schools : a cross cultural comparaison.* The Journal of Educational Administration, 17, (2), 129-138.

FORQUIN, J-C. (1982). *La sociologie des inégalités d'éducation : principales orientations, principaux résultats depuis 1965-.* Revue française de Pédagogie, 48, 90-100.

FOUCHER, R. (1981). *Concept et mesure de la satisfaction au travail et des besoins reliés au travail : application aux enseignants du niveau collégial québécois secteur francophone.* Thèse inédite. Université de Montréal.

FRANCES, R. (1981*). La satisfaction dans le travail et l'emploi.* Paris, PUF.

FRANCES, R. (1995)., *La motivation et efficience au travail.* Liège, P. Mardaga.

FRENAY, M., MEURIS, G. ET LENTZ, F. (1991). *Les enseignants insatisfaits ? Une enquête auprès d'instituteurs et de régents.* In Recherche en éducation : Théorie et Pratique. Bruxelles, CBRDP.

FRENAY, M. ET MEURIS, G. (1995). *Les enseignants entre la satisfaction et l'insatisfaction.* Bulletin de Psychologie scolaire et d'orientation, vol. 44, 1, 7-25.

FREUD, A. (1935). *Le Moi et les mécanismes de défense.* Paris, PUF.

FRIESEN,D. ET RICHARD, D. (1984). *Organizational stress experienced by teachers and principals.* Paper presented at the Annual Meeting of the American Educational Reaserch Association, New Orleans, LA.

FURTER, P. (1980). *Les systèmes d'enseignement dans leurs contextes.* Berne, Lang.

GABRIEL, F. (1920). *Essai d'orientation de l'enseignement et de l'éducation au Congo, Programme général.* Bruxelles, Librairie Albert Dewit.

GAERY, D. (1994). *Children's mathematical development :*

Research and pratical applications. Washington, DC. American Psychological Association.

GAERY, D. (1995). *Reflection of Evolution and Culture in children's Cognition*. American psychologist. Vol. 50, n° 1, 24-37.

GAERY, D. (2001). *A Darwinian perspective on mathematics and instruction. In Tom Loveless Editor. The Great curriculum debate. How should we teach reading and math* ? Washington, Brookings Instruction Press.

GAERY, D. (2002). *Arithmetical development : Commentary on chapiters 9 through 15 and future directions*. In A. Baroody & A. Dowker (Eds.), The development of arithmetic concepts and skills : constructing adaptive expertise, 453-464. Mahwah, NJ. Erlbaum.

GAGNEUX, A. (2002). *Evaluer autrement les élèves*. Paris, PUF.

GANGLOFF, B. (2001). *Satisfaction et souffrance au travail*. Paris, L'Harmattan.

GAONACH, D. & GOLDER, C. (1996*). Profession : enseignant : manuel de psychologie pour l'enseignement*. Paris, Hachette.

GELLIS, H.M. (1976). *A model for affecting attitudianl and behavioral changes in primary age normal children toward severely mentally handicapped trainable children based on contact frequency in favourable school*. Thèse de doctorat, State University of New Jersey.

GHISLAIN, J. (1970). *L'enseignement catholique au service de l'Afrique*. Bruxelles, OIEC.

GILLY, M. (1980). *Maître-élèves. Rôle institutionnel et représentations*. Paris, PUF.

GOOD, T.L. (1987). *Two decades of research on teacher expectations : Findings and future directions*, Journal of Teacher Education, 38(4), 32-47.

GOOD, T.L. ET BROPHY,J.E. (1986). *Educational psychology*. New York, 3è Ed. Longman.

GORDON, T. (1981).*Enseignants efficaces*. Montréal, Le Jour.

GOTTELMANN-DURET, G. (2000). *La gestion des enseignants*.

Paris, Unesco.
GOUMAZ, G.(1992). *Enseignants - enseignés, une estime réciproque*. Perly – Genève, Ed. de Sables.
GOUPIL, G. (1990). *Elèves en difficulté d'adaptation et d'apprentissage*. Québec, Gaëtan Morin.
GOUPIL, G. ET BOUTIN, G. (1983). *L'intégration scolaire des enfants en difficulté*. Montréal, Editions Nouvelle Optique.
GUEGUEN,N. (2005). *Statistique pour psychologues. Cours et exercices*. Paris, Dunod.
GUERIN, G., WILS, T., LEMIRE, L. (1996). *Le malaise professionnel : nature et mesure du Concept*. Relations industrielles, vol. 51, n° 1, 62-96.
GUSDORF, G. (1963). *Pourquoi des professeurs ?* Paris, Payot.
GUTTMAN, C. (2001). *Les profs manquent à l'appel*. Le Courrier Unesco, Paris, Octobre.
HACKMAN, J.R., OLDHAM, G.R. (1980). *Work redesign*. Reading, Mass., Addison-Wesley.
HACKMAN, J.R.,OLDHAM, G.R. (1975). *Development of the Job Diagnostic Survey*. Journal of Applied Psychology, vol. 60, 159-170.
HALL, B.W. ET CARROLL, D. (1987). *Teachers at risk : A profile of the teacher predisposed to quit*. Journal of Educational Reaserch, 29 (1), 55-72.
HALPIN,G. ET HARRIS, K. (1985). *Teacher stress ans related to Locus of control, sex and age*. Journal of Experimental Education, 53 (3), 136-140.
HAMON, H. & ROTMAN, P. (1984). *Tant qu'il y aura des profs*. Paris, Seuil.
HARGREAVES, A. (1994). *Changing teachers, changing times : teacher's work and culture in the postmodern age*. London, Cassell.
HARGREAVES, A. & WOODS, P. (1984). *Classrooms and staffrooms*. Milton Keynes, Open University Press.
HERZBERG, F. MAUSNER, B. PETERSON, R. O. CAPWELL D.

F. (1957). *Job attitudes, a review of research and opinion.* Pittsburgh, Psychological service of Pittsburgh.

HERZBERG, F. (1968). *A la recherche des motivations perdues.* Harvard Business Review.

HERZBERG, F. (1971*). Le travail et la nature de l'homme.* Paris, EME.

HERZBERG, F. (1976). *Managerial choice. To be efficient and to be human.* Irvin, Dow Jones.

HERZBERG, F., MAUSNER, B. et SNYDRMAN, B. B. (1959).*The motivation to work.* New York, John Wiley.

HEYNEMAN, S. P. (1986). *Les facteurs de la réussite scolaire dans les pays en développement.* In M. Crahay, D. Lafontaine, *L'art et la science de l'enseignement,* 303-340. Bruxelles : Labor.

HIRSCHHORN, M. (1993). *L'ère des enseignants.* Paris, PUF.

HOY, W.K. ET MISKEL, C.G. (1982). *Educational Administration : Theory research and practice.* New York, Randon House.

HUBERMAN, M. (1989). *La vie des enseignants. Evolution et bilan d'une profession.* Lausanne, Delachaux et Niestlé.

HUGON, P. (1994). *La crise des systèmes éducatifs dans le contexte d'ajustement.* Afrique contemporaine, N° spécial, 4° trimestre.

HUSSEN, T.(1975). *Influence du milieu social sur la réussite* scolaire. Paris, OCDE.

HUTMACHER, W. (1996). A qui rendre compte du travail enseignant ? In Educateur, n°9, 10-11.

HUYBRECHTS, A. & al. (1980). *Aux sources d'une culture : une philosophie de l'éducation.* Du Congo au Zaïre, 1960-1980, *Essai de bilan.* Bruxelles, CRISP.

INSTITUT NATIONAL DE SECURITE, (1985). *Enquête urbaine sur le niveau de pauvreté.* Kinshasa.

INSTITUT NATIONAL DE SECURITE, (1998/2001). *Enquête urbaine sur le niveau de pauvreté.* Kinshasa.

ISAMBERT-JAMATI, V. (1970). *Crises de la société, crises de l'enseignement.* Paris, PUF.

ISANGO, D. (1971). *Influence du réseau d'enseignement catholique sur la politique scolaire au Congo*. Kinshasa, Université Lovanium.

JACKSON, P. SILBERMAN, M. ET WOLFSON, B. (1969). *Signs of personal involvement in teachers' description of thei students*. Journal of educational psychology, 60, 22-27.

JACQUET, I. (1980). *L'enseignement au Zaïre : l'illusion entretenue*. Thèse de doctorat de 3è cycle en sociologie, Paris, EHSS.

JAMES, L.R., JONES, A.P. (1980). *Percived job characteristics and job satisfaction : an examination of reciprocal causation*. Personnel Psychology, 33, 97-135.

JENCK, C., PHILLIPS, M. (1998). The black-white test score gap. Education Week, 18 (4), 44.

JOBERT, G. (2000). La compétence à vivre. Contribution à une anthropologie de la reconnaissance au travail. Paris, Desclée de Brouwer.

JOHNSON, S.M. (1990). *Teachers at work*. New York, Basic Books.

JUDGE, T.A., BONO, J.E. ET LOCKE, E.A. (2000). *Personality and job satisfaction : The mediating role of job characteristics*. Journal of Applied Psychology, 85, 237-249.

JUDGE, T.A. THORESEN, C.J., BONO, J.E. ET PATTON, G.K. (2001). *The job satisfaction-job performance relationship : A qualitative and quantitative review*. Psychological Bulletin, 127, 376-407.

JUDGE, T.A., HELLER, D. ET MOUNT, M.K. (2002). *Five-factor model of personality and job satisfaction : A meta-analysis*. Journal of Applied Psychology, 87, 530-541.

JUDGE, T.A. ET ILIES, R. (2004). *Affect and job satisfaction : A study of their relationship at work anda t home*. Journal of Applied Psychology, 89, 661-673.

KABAMBA, D. (1972). *L'enseignement en République du Zaïre avant et après l'indépendance. Contribution à la politique nationale*. Thèse de 3è cycle, Paris, Université de Paris I.

KATHARINA, M. (2000). *Dépenses d'éducation, qualité de l'éducation et pauvreté : L'exemple de 5 pays d'Afrique francophone*. Paris, OCDE.

KEDAR-VOIVODAS, G. (1983). *The impact of elementary children's school roles and se roles on teacher attitudes : an interaction analysis*. Review of educational research, 53,3, 415-437.

KEDAR-VOIVODAS, G. (1979). *Teachers'attitudes toward young deviant children*. Journal of Educational Psychology, 71, 6.

KING, A. J.C. & PEART, M.J. (1992). *Le personnel enseignant au Canada. Travail et qualité de vie*. Ottawa, PUO.

KUMBATI, R. (1967). *L'église, l'état et les problèmes de l'école catholique au Congo, 1876 – 1960*. Thèse de doctorat, Louvain.

KYRIACOU, C. (1978). Teacher stress : *Prevalence sources and symptoms*. British Journal of Educational Psychology, 48, 159-167.

LA BORDERIE, R. (1991). *Le métier d'élève*. Paris, Hachette.

LANGE, M-F. (1998). *L'école et les filles en Afrique. Scolarisation sans conditions*. Paris, Karthala.

LAROUCHE, V. (1972). *Inventaire de satisfaction au travail : validation*. Relations industrielles, 30, 3, 343-373.

LAROUCHE, V. ET DELORME, F. (1972). *Satisfaction au travail : reformulation théorique*. Relations industrielles, vol. 27, 567-603.

LAROUCHE, V., LEVESQUE, A. et DELMORE, F. (1973). *Satisfaction au travail : problèmes associés à la mesure*. Relations industrielles, vol. 28, N° 1, 76-109.

LAWLER, E. E. (1964). *Manager's job peformance and their attitudes toward their pay*. Thèse Ph.D.. Université de Californie, Berkeley.

LAWLER, E. ET PORTER, L.W. (1967). *The effect of peformance on job satisfaction*, Symposium Human Behavior in organisation, 20-28.

LAWLER, E. (1970). *Job attitudes and motivation : theory, research and practice*. Personnel Psychology, 23, 223-237.

LAWLER E. E. (1971). *Pay and organizational effectiveness : a psychological view.* New York, McGraw-Hill.

LAWLER, E. E. (1973). *Motivation in work organizations*, Monterey, CA, Brooks/Cole.

LEDUC, A. (1984). *Recherche sur le behaviorisme paradigmatique ou social.* Montréal, Brossard.

LEDUC, A. (1992). *L'apprentissage des premières habiletés numériques.* Montréal, Brossard.

LEGER, A. (1992). *Enseignants du secondaire.* Paris, PUF.

LEMELIN, M., RONDEAU, A. (1990). *Les nouvelles stratégies de gestion des ressources humaines.* In Vingt-cing ans de pratique en relations industrielles au Québec, Ed. Yvon Blais, 721-741.

LESTER, P.E. (1986). *Teacher Job Satisfaction. A perspective. Paper presented at Association of Teacher Educators.* Atlanta, Georgia, February, 22-26.

LEVY-LEBOYER, C. (1984*). La crise des motivations.* Paris, PUF.

LEVY-LEBOYER, C. (2001). *Les apports de la psychologie du travail.* Paris, Ed. d'Organisation.

LIEURY, A. (1996). *Motivation et réussite scolaire.* Paris, Dunod.

LITT, M.D. ET TURK, D.C. (1985). Sources of stress and dissatisfaction in experienced high school teachers. *Journal of Educational Research*, 78, 3, 178-185.

LIPKA, R. ET GOULET, R. (1979). *Aging and experience related changes in teachers attitudes toward the profession.* Educational research quartrley, 4, (2), 19-26.

LOCKE, E. A. (1969). *What is job satisfaction ?* Organizational Behavior and human performance, Vol. 4, 309-336.

LOCKE, E. A. (1984). LATHAM, G. P.,*Goal setting, a motivational technique that works.* Englewood Cliffs, N.J., Prentice-Hall.

LORTIE, D. C. (1975) *Schoolteacher. A sociological study.* Chicago, The University of Chicago Press.

LUMEKA, L. Y. (1985). Auto-perception des enseignants zaïrois. Kinshasa, Eca.

MANNONI, P. (1979). Troubles scolaires et vie affective chez l'adolescent. Paris, EFS.

MARC, P. (1984). *Autour de la notion pédagogique d'attente*. Peter Lang, Berne.

MARLOW, L. ET HEIRLMEIER, R. (1987). *The teaching profession : Who stays and leaves* ? Reports Research / technical (143).

MAROY, C. (2002*)*. *L'enseignement secondaire et ses enseignants*. Bruxelles, De Boeck.

MARTIN, D. (1992). *L'épuisement professionnel*. Paris, L'Harmattan.

MASIALA MA SOLO, (2003). *Le système universitaire congolais. Répertoire des établissements de l'enseignement supérieur et universitaire public et privé*. Ministère de l'Education nationale, Kinshasa.

MASLOW, A. (1954). *Motivation and personality*. New York, Harper and Row.

MATANGILA, M. L. (2003). *L'enseignement universitaire et supérieur au Congo-Kinshasa. Défis et éthiqu*e. Paris, L'Harmattan.

MaTHIEU, J. E. ET ZAJAC. D. M (1990). *A review and meta-analysis of the antecedent, correlates, and consequences of organisational commitment*. Psychological Bulletin, 108, 171-194.

MAUREL, A. (1992). *Le Congo : de la colonisation belge à l'indépendance*. Paris, L'Harmattan.

MBUMBA, N. (1982). *Kinshasa, 1881 – 1981 : 100 ans après Stanley. Problèmes et avenir d'une ville*. Kinshasa, CRP.

MERLE, P. (1996). *L'évaluation des élèves : enquête sur le jugement professoral*. Paris, PUF.

MICHEL, S. (1989). *Peut-on gérer les motivations* ? Paris, PUF.

MILLOT, S. (2001). *L'enquête de satisfaction. Guide méthodologique*. Paris, AFNOR.

MINGAT, A., SUCHAUT, B. (2000). *Les systèmes éducatifs*

africains : une analyse économique comparative. Bruxelles, De Boeck Université.

MINGAT, A. & JAROUSSE, J-P. (1993). *L'école primaire en Afrique.* Paris, L'Harmattan.

MINISTERE DE L'EDUCATION NATIONALE, (1999). *Plan cadre national pour la reconstruction du système éducatif de la République démocratique du Congo.*

MINISTERE DE L'EDUCATION NATIONALE, (1998). *Recueil des directives et instructions officielles.* Kinshasa, ELISCO-DIPROMADEPS, RDC.

MINISTERE De L'EDUCATION NATIONALE, (1986). *Loi-cadre n° 86005 de l'enseignement national,* Kinshasa, RDC.

MINISTERE DE L'EDUCATION NATIONALE, INSPECTION GENERALE DE L'ENSEIGNEMENT, (2004). *Evolution des effectifs des finalistes du secondaire,* Kinshasa.

MISKEL, C. (1972). *The motivation of educators to work.* Educational Administration Quarterly, 42-53.

MISKEL, C., FEVERLY, Y.R. ET STEWART, J. (1979). *Organizational structures and processes, perceived school effectiveness, loyalty and job satisfaction.* Educational Administration, (15), 3, 87-118.

MONCHAUX, P. (2001). *Professeurs en collège : un nouveau métier ? Contribution à l'analyse sociologique des professeurs en poste dans les collèges publics à la fin des années 1990.* Université de Picardie Jules Verne, Amiens.

MONGENET, J.L. (1985). *La mesure de la satisfaction au travail du personnel encadré.* Thèse, Université de Paris X.

MORANDI, F. (2002). *Professeurs des écoles.* Tome 2. Paris, Nathan.

MORISSETTE, D. ET GINGRAS, M. (1989). *Enseigner des attitudes ? Planifier. Intervenir. Evaluer.* Québec, Paris, De Broek-Wesmael, Presses de l'Université de Laval.

MOWDAY, R.T., PORTER, L.W. ET STEERS, R.M. (1982). *Employee-organization : the psychology of commitment,*

absenteeism and turnover. New York, Academic Press.
MUEL-DREYFUS, F. (1983). *Le métier d'éducateurs*. Paris, Ed. de Minuit.
MUTAMBA, L. G., (2003). *Redresser l'économie du Congo-Kinshasa. Bilan et conditionnalité*. Paris, L'Harmattan.
MUTAMBA, L. G. (2002). *Congo/Zaïre : La faillite d'un pays. Déséquilibre macro-écconomique et ajustement (1988–1999)*. Paris, L'Harmattan.
NAULT, T. (1994). *L'enseignant et la gestion de la classe*. Montréal, Ed. Logiques.
NDAYWEL, I. (1998). *Histoire du Congo*. Paris, Unesco.
NELSON, Q. D. (1970). *The congolese teacher : a study of teacher recruitment, commitment and wastage in the Democratic Republic of Congo*. Chicago, University of Chicago.
NUTTIN, J. (1980). *Théorie de la motivation humaine*. Paris, PUF.
OBIN, J-P. (1993*). La crise de l'organisation scolaire*. Paris, Hachette.
OCDE (1990). *L'enseignant aujourd'hui*. Paris, OCDE.
OCDE, (1994*). La qualité de l'enseignement*. Paris, OCDE.
OCDE (2003). *Regards sur l'éducation : les indicateurs de l'école*. Paris, OCDE.
OIT (1990). *Le personnel enseignant des pays en développement. Aperçu des conditions de service*. Genève. BIT.
OIT (1991). *Le personnel enseignant : les défis des années 90*. Genève. BIT.
OIT (1992). *Rapport final 2è réunion paritaire sur les conditions de travail des enseignants*. Genève, BIT.
OIT – UNESCO (1994). *Rapport 6è session ordinaire du comité conjoint OIT – UNESCO d'experts sur l'application de la recommandation concernant la condition du personnel enseignant*. Genève, BIT.
ORIVEL, F. (1994). *Crise de l'éducation en Afrique : éléments de diagnostic*. Afrique contemporaine, n° 172.
PAILLE, P. (2004). *Engagement organisationnel, intention d retrait*

et comportements citoyens : l'influence de la satisfaction au travail. Revue de gestion des ressources humaines, N° 52, 31-46.

PAILLE, P. (2004). *Un examen empirique sur les effets de la satisfaction au travail sur les comportements discrétionnaires en contexte français.* 72ème Congrès de l'Association canadienne française pour l'avancement des sciences. Montréal, Québec.

PAILLE, P. (2001). *Attachement au travail et satisfaction des salariés : quel apport et quel modèle pour la GRH ?* Colloque national de la recherche en IUT. Roanne.

PAILLE, P. (2000). *Facteurs de l'engagement dans l'emploi à l'issue d'un changement organisationnel.* Le travail humain, vol. 63, N° 2, 153-169.

PAILLE, P. (1996). *Implication, comportement de retrait et satisfaction des acteurs : les effets du changement. Le cas d'un centre hospitalier général d'une ville de province.* 6ème Congrès de l'AGRH, Paris.

PEEMANS, J-P. (1989). *Accumulation et sous-développement au Zaïre.* Presses universitaires de Louvain.

PERRENOUD, P. (1994). *Métier d'élève et sens du travail scolaire.* Paris, ESF.

PERRON, J. (1996). *Valeurs de travail et motivations aux études : prédiction de la réussite et de l'orientation scolaire.* In Psychologie du travail et des organisations, 2, ½, 43-54.

PERRON, R. (1991*). Les représentations de soi.* Toulouse, Privat.

PHILIPPS, B.A. (1968). *The Teaching profession in Uganda.* Thèse de doctorat. University of Chicago.

PINDER, C. C. (1984). *Work motivation / theory, issues, and applications.* Glenview, Illinois, Scott, Foresman.

PNUD, (2000). Le profil de la pauvreté en République démocratique du Congo : niveaux et tendances, Kinshasa.

PNUD, (2002). *Le développement humain.* Bruxelles, De Boeck Université.

PORTER, L.W. (1961). *A study of perceived need satisfaction in bottom and muddle management jobs.* Journal of Applied Psychology, vol. 45, n° 1, 1-10.

PORTER, L. W. et LAWLER E. E (1968). *Managerial attitudes and performance*, Homewood. Illinois, Irwin.

POSTIC, M. (1996). *La relation éducative.* Paris, PUF.

POTVIN, P. ET PARADIS, L. (2000). *Facteurs de réussite dès le début de l'éducation préscolaire et du primaire.* Québec, Crires.

POTVIN, P., MORISSETTE, D. ET SAINT-JEAN, D. (1990). *Attitudes et conditions d'apprentissage. Document de travail.* Université du Québec à Trois-Rivières.

POTVIN, P. (1989). *Les quatre types d'élèves de Silberman selon qu'ils sont en difficulté scolaire ou non.* XXII Interamerican congres of psychology. Buenos Aires.

RANJARD, P. (1984*). L'enseignant persécuté.* Paris, Dunod.

RAY, D. (2001). *Mesurer et développer la satisfaction des clients.* Paris, éd. d'Organisation.

REYES, A. (2002). *Satisfaction.* Paris, Le Seuil.

RHOADES, L., EISENBERGER, R. ET ARMELI, S. (2001). *Affective commitment to the organization : The contribution of perceived organizational support.* Journal of Applied Psycholog*y,* 86, 825-836.

RIKETTA, M. (2002). *Attitudinal organizational commitment and job performance : A meta-analysis.* Journal of organizational Behavior, 23, 257-266.

ROBAYE, F. (1957). *Niveaux d'aspiration et d'expectation.* Paris, PUF.

ROJOT, J. (1992). *Ce que veut dire la participation.* Revue française de gestion.

RONDEAU, A., LEMELIN, M. (1991). *Pratiques de gestion mobilisatrices.* Gestion, vol. 16, n° 1, 26-32.

ROSENSHINE, B. V. (1986). *Synthesis of Research of Explicit Teachin.* Educational Leadership*,* 43, 7, 60-69.

ROSENSHINE, B.V. (1997). *The case of explicit, Teacher-led, Cognitive strategy instruction*, Paper presented at the annual meeting of the American Educational Research Association, Chicago.

ROSENTHAL, R. & JACOBSON, L. (1971). *Pygmalion à l'école*. Paris, Casterman.

ROUSSEL, A. (1996). *Rémunération, motivation et satisfaction au travail*. Paris, Economica.

ROY, D. (1991). *Etude de l'importance des connaissances de l'enseignant et de l'influence des actes professionnels d'enseignement sur l'apprentissage au collégial*. Rimouski, Cégep.

RWEHERA, M. (1999). *L'éducation dans les pays les moins avancés*. Paris, L'Harmattan.

SALANCIK, G., PFEFFER, J. (1978). *A social information processing approach to job attitudes and taskdesign*. Administrative Science Quarterly, vol. 23, 224-253.

SANDERS, W. L. ET HORN, S. P. (1998) *Research Finding from the Tennessee Value-Added Assessment System Database : Implications for Educational Evaluation and Research*. Journal of Personnel Evaluation in Education 12 : 3, 247 – 256.

SANDERS, W.L. ET RIVERS, J.C. (1996). *Cumulative and Residual Effects of Teachers on Future Student Academic Achievement. Knoxville.* University of Tennessee Value-Added Research and Assessment Center.

SANDERS, W.L. (2000). *Value-Added Assessment from Student Achievement Data : Opportunities and Hurdles*. Journal of Personnel Evaluation in Educational 14 : 4, 329-339.

SCHATZBERG, M.G. (1989). *L'administration et oppression au Zaïre : une approche au niveau local*. Bruxelles, *la Nouvelle Revue*, 78-89.

SCHEERENS, J. (2000). *Améliorer l'efficacité des écoles*. Paris, Unesco-IIPE.

SCHWAB, R.L., JACKSON, S.E. ET SCHULER, R.S. (1986). *Educator burnout : sources and consequences*. Educational reaserch Quarterly, 10, 3, 14-30.
SEMBEL, N. (1997*). Le travail et le métier*. Bordeaux, Thèse.
SEMBEL, N. (2003*). Le travail scolaire*. Paris, Nathan.
SEO, M.G. BARRETT, L.F. ET BARTUNEK, J.M. (2004). *The role of affective experience in work motivation*. Academy of management Review, 29, 423-439.
SERIEYX, H. (1987). *Mobiliser l'intelligence de l'entreprise. Montréal*. Entreprise moderne d'édition.
SEVIGNY, D. (2003). *Impact de la défavorisation socio-économique sur la diplômation des élèves inscrits dans les écoles secondaires publiques de l'Ile de Montréal*. Comité de gestion de la taxe scolaire de Montréal.
SHEDD, J.B. ET BACHARACH, S.B. (1985). *Tangled hierarchies, teachers as professionals and the management of schools*. San Francesco, Jossey-Bass.
SHOMBA, K. S. (2004). *Kinshasa, mégalopolis malade des dérives existentielles*. Paris, L'Harmattan.
SIKOUNMOU, H. (1992). *L'école du sous-développement : gros plan sur l'enseignement secondaire en Afrique*. Paris, Dunod.
SILBERMAN, M.L. (1969). *Behavioral expression of teachers'attitudes toward : an experimental school students*. Journal of Educational Psychology, 60, 5, 402-407.
SIMPSON, T.A. (1976). *Teacher – Principal interaction leading to feelings of concern or pleasure*. The Australian Journal of Education, 20, 2, 160-168.
SIROTA, R. (1993). *Le métier d'élève*. Revue française de pédagogie, 104, 85-108.
SKINNER, B. F. (1968). *La révolution scientifique de l'enseignement*. Bruxelles, Mardaga.
SMITH, P. C., KENDALL, L. M. et HULIN, C. L. (1969). *Measurement of satisfaction in work and retirement*, Chicago, Rand McNally.

SOLAUX, G. (1997). *Les politiques de gestion des personnels enseignants dans les pays d'Afrique subsaharienne francophone*. Dijon, Irédu.

SPECTOR, P. (1997). *Job satisfaction : Application, assessment, causes and consequences*. Thousand Oaks, CA : Sage Publications.

STAATS, A. W. (1975). *Social behaviourism*. Homewood, Dorsey Press.

STRAUSS, A. (1992). *La trame de la négociation*. Paris, L'Harmattan.

SYLLA, K. (2004). *L'éducation en Afrique : le défi de l'excellence*. Paris, L'Harmattan.

TARDIF, J., (1992). Pour un enseignement stratégique : l'apport de la psychologie cognitive. Montréal, Ed. Logiques.

TARDIF, J. & LESSARD, C. (1999). *Le travail enseignant au quotidien*. Laval, PUL.

TARDIF, J. (2001). *Développer des compétences chez les jeunes : de nouvelles compétences attendues de la part du personnel de l'école, une reprofessionnalisation dans certains cas.* Document d'accompagnement remis au Colloque de l'A.S.C.Q., Québec.

TAUPIN, L., LESSARD, C., CORNIER, R.A. ET VALOIS (1982). *La satisfaction au travail chez les enseignants au Québec.* Relations Industrielles, 37, 4, 805-822.

TAYLOR, F.W. (1957*). La direction scientifique des entreprises.* Paris, Dunod.

TERRAIL, J-P. (2005). *L'école en France*. Paris, La Dispute.

TERRAL, H. (1999). *Profession : Professeur.* Paris, PUF.

TERWANGNE, M. C. (1983*). Histoire des ISP, 1959-1975).* Bukavu, CRUKI.

TETT, R.P. ET MEYER, J.P. (1993). *Job satisfaction, organizational commitment, turnover intention, and turnover : Path analyses based on meta-analytic findings.* Personnel Psychology, 46, 259-293.

THELOT, C. (1993). *L'évaluation du système éducatif.* Paris, Nathan.
THEVENET, M. (2004). *Le plaisir de travailler. Favoriser l'implication des personnes.* Paris, Editions d'Organisation.
THOMAS M. ET ALAPHILIPPE, C. (1983). *Les attitudes.* Paris, Presse universitaire de France.
TIBI, C. (1989). *Les salaires des enseignants.* Paris, Unesco.
TIERNEY, P. ET FARMER, S.M. (2004). *The Pygmalion process and employee creativity.* Journal of Management, 30, 413-432.
TISHLER, A.G. ET ERNEST, B. (1989). *Career dissatisfaction among Alabama teachers : A follow-up.* Paper presented at the Annual Meeting of the Mid-South. Educational Research Association. Little Rock, Arkansas, November, 7-10.
TOCHON, F.V. (1993). *L'enseignant expert.* Paris, Nathan.
TOM, A. (1984). *Teaching as a Moral Craft.* New York. Longman.
TREFON, T. (2004). *Ordre et désordre à Kinshasa. Réponses populaires à la faillite de l'Etat.* Paris, L'Harmattan.
TSHIALA, L. (1995). *Sauver l'école. Stratégies éducatives dans le Zaïre rural.* Paris, L'harmattan.
TSHIBANGU, T.T. (1998). *L'université congolaise, étapes historiques, situation actuelle et défis à relever.* Kinshasa Editions universitaires africaines.
TSHIMANGA, C. (2001). *Jeunesse, formation et société au Congo / Kinshasa.* Paris, L'Harmattan.
UNESCO, (1990). *Conférence internationale de l'Unesco sur l'éducation pour tous*, Jomtien.
UNESCO, (2000). *Forum sur l'éducation pour tous, Cadre d'action, Dakar.*
UNESCO, (2000). *Les institutions de formation des enseignants en Afrique sub-saharienne :pour un renforcement des capacités*, Paris, Unesco.
UNESCO, (2001). *L'évaluation des acquis scolaires*, Paris, Unesco.
UNESCO, (2003). *Rapport de suivi sur l'éducation pour tous*, Paris,

Unesco.
UNESCO, (2004). *Rapport de suivi sur l'éducation pour tous*, Paris, Unesco.
UNESCO, (2005). *Rapport de suivi sur l'éducation pour tous*, Paris, Unesco.
UNICEF, (2002). *Enquête nationale sur la situation des enfants et des femmes. Rapport d'analyse*, Kinshasa.
UNICEF, (2003). *Rapport annuel 2003*. New York.
VANDERLINDEN, J, et al. (1981). *Du Congo au Zaïre, 1960-1980*. Bruxelles, De Boeck.
VIAU, R. (1999). La motivation en contexte scolaire. Bruxelles, De Boeck.
VINCENT, C. et al. (1967). *Les professeurs du second degré. Contribution à l'étude du corps enseignant*. Paris, Armand Colin.
VROM, V. H. (1964). *Work and motivation*. New York, John Wiley and Sons.
WALBERG, H. ET HAERTEL, G. D. (1997). *Psychology and Educational Practice*. Berkeley, CA : McCutchan Publishing Corporation.
WANG, M.C., HAERTEL, G.D. ET WALBERG, H.J. (1993). *Toward a knowledge base for school learning*. Review of Educational Research, 63, 3, 249-295.
WANG, M.C, HAERTEL, G.D. ET WALBERG, H.J. (1994). *Qu'est-ce qui aide l'élève à apprendre* ? Vie pédagogique, n° 90, septembre-octobre, pp. 45-49.
WEISS, D.J., DAWIS, R.V., ENGLAND, G.W. ET LOFQUIST, L.H. (1967). *Manual for the Minnesota Satisfaction Questionnaire. Minnesota studies in vocational rehabilitation*. XXII, Minnesota University.
WEISS, H.M. (2002). *Deconstructing job satisfaction : Separating evaluations, beliefs and affectives experiences*. Human Resource Management Review, 12, 173-194.
WILLAME, J.C. (1986). *L'épopée d'Inga. Chronique d'une*

predation industrielle. Paris, L'Harmattan.
WOODS, P. (1990). *L'ethnographie de l'école*. Paris, Armand Colin.
WRIGHT, S.P., HORN, S.P. ET SANDERS, W.L. (1997). Teacher and Classroom Contex Effects on Student Achievement : Implication for teacher Evaluation. Journal of Personnel Evaluation in Education, 11: 57-67.
WYLLIE, R.W. (1966). *The new Ghanaian theache and his profession*. West African Journal of Education, 8-10.
ZHOU, J. ET GEORGES, J.M. (2001). *When job dissatisfaction leads to creativity : Encouraging the expression of voice.* Academy of Management Journal, 44, 2237-1148.
ZIGMOND, N. (1997). *Educating Students with Disabilities : The future of Special Education*. In J.W. Lloyd, E.J. Kammenui et D. Chard. *Issues Educating Students with disabilities*. New Jersey, Lawrence Erlbaum, 367-390.
ZIGMOND, N. (2003). *Searching for the Most Effective Service Delivery Model for Students with Learning Disabilities*. In H.L. Swanson, K.R. Harris, S.Graham. *Handbook of Learning Disabilities*. New York, The Guilford Press, 110-124.

TABLE DES MATIERES

Introduction..1

Chapitre 1 : L'école congolaise et l'enseignant......................13

    1.1.   Persistance de l'échec et exigence de qualité...........14
          1.1.1. *L'effet enseignant*....................................17
          1.1.2. *Les élèves en difficulté d'apprentissage*.......18
          1.1.3. *Conséquences des difficultés d'apprentissage*..20
          1.1.4. *Les attitudes en situation d'apprentissage*.....22
          1.1.5. *Les attentes de l'enseignantt*........................27
          1.1.6. *Interventions pédagogiques efficace*............32
    1.2.   Situation des enseignants congolais........................35
          1.2.1. *Les bases affectives de la démotivation*.........35
          1.2.2. *L'enseignement secondaire en RDC*............41
          1.2.3. *La prime de motivation*..............................46

Chapitre 2 : Cadre conceptuel 51

    2.1. Taylor et l'organisation scientifique du travail..............51
    2.2. Maslow et la hiérarchie des besoins..........................53
    2.3. Herzberg et la théorie bifactorielle............................55
    2.4. La théorie du choix cognitif.....................................63
    2.5. Précisions terminologiques......................................66
          2.5.1. *Evolution de la notion de travail*..................67
          2.5.2. *L'enseignement comme travail*....................70
          2.5.3. *Condition de travail enseignant*...................78
          2.5.4. *Devenir professeur du secondaire*................80
    2.6. Les aspects du travail..83
    2.7. But et objectifs de l'étude...85
    2.8. Pertinence et utilité de l'étude...................................86

Chapitre 3 : Le contexte de la recherche............................87

    3.1. Rappel historique..87
    3.2. Environnement institutionnel........................…..……......90
        3.2.1. *Le vent du changement*...........................…......97
        3.2.2. *Evolutions politiques et processus de paix*.....101
    3.3. Education et formation en RDC.......................…............102
        3.3.1. *Evolution du système éducatif*.................…......102
        3.3.2. *La première période*..............................….......104
        3.3.3. *La deuxième période*..........................…............107
        3.3.4. *La troisième période*..........................…............110
        33.5. *La quatrième période*..........................….............111
    3.4. Situation actuelle de l'éducation en RDC.................112
        3.4.1. *Couverture par niveau et par province*.........114
        3.4.2. *Difficultés d'accès et discriminations
        multiples*...…...118
    3.5. La ville de Kinshasa....................................….............122
    3.6. L'enseignement à Kinshasa......................................…125
    3.7. Profil des professeurs de l'enseignement secondaire...128
    3.8. Conclusion partielle..................................…................132

Chapitre 4 : Méthodologie du travail......................................137

    4.1. Objectifs de recherche.......................................…........138
    4.2. Questions de recherche....................................…..........140
    4.3. Hypothèses de recherche.................................…...........141
    4.4. Variables de recherche....................................…............146
    4.5. Instrument d'enquête......................................….............146
    4.6. Conception du questionnaire............................…..........149
    4.7. L'échantillon statistique...................…..........................152
        4.7.1. La population de référence.......................…....152
        4.7.2. Les unités d'observation..........................….....153
        4.7.3 La méthode de tirage des établissements.......154
    4.8. Traitement des données.....................................…........156

Chapitre 5 : Analyse des données......................................…..159

    5.1. Caractéristiques biographiques des professeurs...........159
        5.1.1. Caractéristiques sociodémographiques.........160

  5.1.2. Caractéristiques socioprofessionnelles.........163

 5.2. Diversité interne et différents modes d'accès au métier......................173
 5.3. Perception des caractéristiques du travail................176
  5.3.1. Perception des élèves............................176
  5.3.2. Perception des problèmes de discipline........178
  5.3.3. Perception des caractéristiques du travail enseignant..........................179
 5.4. Satisfaction et aspects du travail...........................183
 5.5. Satisfaction globale au travail d'enseignant..............189
 5.6. Satisfaction globale et caractéristiques individuelles....192
 5.7. Conclusion partielle............................193

Chapitre 6 : Approfondissement des résultats............195

 6.1. Examen du questionnaire et structure factorielle.........197
  6.1.1. Les relations avec les élèves...................202
  6.1.2. La considération sociale........................203
  6.1.3. La culture personnelle..........................204
  6.1.4. Le salaire......................................205
  6.1.5. Le travail bon et intéressant....................206
  6.1.6. Les relations avec la direction et les autres Professeurs...........................207
 6.2. Satisfaction globale au travail d'enseignant.............209
  6.2.1. Degré de satisfaction globale au travail.......210
  6.2.2. Satisfaction globale et caractéristiques personnelles................................212
  6.2.2.1. Satisfaction globale selon le sexe............212
  6..2.2.2. Satisfaction globale selon l'âge..............214
  6.2.2.3. Satisfaction globale selon le niveau de formation....................217
  6..2.2.4. Satisfaction globale et temps de travail hebdomadaire.............................220
  6.2.2.5. Satisfaction globale et ancienneté au travail.......................222
  6.2.2.6. Satisfaction globale et ancienneté à l'école........................225
  6.2.2.7. Satisfaction globale et quartier...............228

    6.2.2.8. Satisfaction globale et mobilité............... 230
    6.2.2.9. Satisfaction globale et profession du père...232
  6.3. Synthèse de l'impact des variables personnelles.........236
  6.4. Discussion et interprétation des résultats................237
  6.5. Conclusion partielle....................................…..……..245

Conclusion………………………………………..............................249

Bibliographie…………………………………………………....….269
Table des matières……………………………………………....…..297

www.ingramcontent.com/pod-product-compliance
Lightning Source LLC
Chambersburg PA
CBHW071158300426
44113CB00009B/1241